读书有道

王道 著

商务印书馆
The Commercial Press

图书在版编目(CIP)数据

读书有道/王道著.—北京：商务印书馆，2022(2024.4重印)

(书物语)

ISBN 978-7-100-20183-4

Ⅰ.①读… Ⅱ.①王… Ⅲ.①书评—中国—现代—选集②随笔—作品集—中国—当代 Ⅳ.①G236②I267.1

中国版本图书馆CIP数据核字(2021)第153121号

权利保留，侵权必究。

书物语
读书有道
王道 著

商 务 印 书 馆 出 版
(北京王府井大街36号 邮政编码100710)
商 务 印 书 馆 发 行
北京通州皇家印刷厂印刷
ISBN 978-7-100-20183-4

2022年10月第1版	开本 787×1092 1/32
2024年4月北京第2次印刷	印张 11 5/8

定价：68.00元

目录

第一辑　书页小语

沈从文的一张书单 / 2

沈从文题签《曾景初木刻集》/ 10

沈从文题诗《送米图》/ 17

谭其骧请客周有光 / 22

张允和的《诗歌新韵》/ 29

阿英书话之闲话 / 34

张伯驹的《太白山纪游》/ 41

赵元任的苏州一年 / 49

顾颉刚与文学山房 / 55

张充和感恩意大利诗翁 / 69

薄英的《桃花鱼》/ 74

第二辑　旧卷探幽

过云楼主人"淘宝"琉璃厂 / 82

过云楼古泉拓本小记 / 94

双"鹤"之美

　　——记顾鹤逸与冒鹤亭的友谊 / 107

一个斯文家族的出版史 / 126

第三辑　芸香乐途

天下的旧书 / 152

年画、版画书集藏雅韵 / 195

江辛眉赠诗朱季海 / 218

第四辑　字纸有灵

谁为张充和刻了印章 / 224

追念姑苏同轩老人 / 228

《百年袁家》与苏州 / 234

羞怯之人的写作

　　——从孙小宁的《印心》说起 / 239

初见陆文夫 / 244

饥饿年代的"马语者"/ 251

百年锐思周有光：老藤椅，慢慢摇 / 261

叶弥：不安的世界 / 280

第五辑　书房风景

闲逛书房说闲话 / 298

旧书房，慢书房 / 324

古旧书店四题 / 336

从几张藏书票说起 / 347

读书要快 / 353

代后记　三言两语一水轩 / 361

第一辑 书页小语

沈从文的一张书单

一直很好奇，沈从文年轻的时候喜欢读什么书？他有没有书单？一查，还真有。他在1935年6月的《青年界》上发表了一篇《我年轻时读什么书》，那一年他33岁，在他的书单上列了三种书。

沈从文说他第一次对于书发生兴味，并得到好处，是五本医书。"我那时已读完了《幼学琼林》与《龙文鞭影》。《四书》也成诵。这几种书简直毫无意义。"而之所以喜欢读医书，是因为好玩、实用。"从医书中我知道鱼刺卡喉时，用猫口中涎液可以治愈。小孩子既富于实验精神，家中恰好又正有一只花猫，因此凡家中人被鱼刺卡着时,我就把猫捉来,实验那丹方的效果。"在医书里,沈从文还学会了一些偏方,并试着做过实验,从而记得了不少药性和病名。

如果说第一部书是科学的兴趣引导,那么沈从文喜欢的第二部书却是实实在在的神话,即妇孺皆知的《西游记》。"使我明白与科学精神相反那一面种种的美丽。这本书混合了神的尊严与人的谐趣,——一种富于泥土气息的谐趣。当时觉得它是部好书,到如今尚以为比许多堂皇大著还好。"沈从文还以许多读者喜欢的《项羽本纪》为例,说西楚霸王只能是活在书生脑子里。而《西游记》里的猪悟能虽是神话人物,却依然是个很可爱的

二十世纪五十年代,沈从文在北京。

活人。

第三种书即一本兵书。"上面有各种套彩阵营的图说，各种火器的图说，看来很有趣味。"但是因为看这本书，却看"掉"了沈从文的世袭将军梦。他在通读此书后发现自己体力不够统治人，行为不许受到拘束，且孙子兵法太过玄远，索性决定放弃将军梦，回到更喜欢的当前生活，做一个自由人。

由沈从文的"书单"继续寻迹他的阅读兴趣，发现他在这次书单之后还做过一次文学书系点评（见1935年11月29日天津《大公报·文艺》，《读〈新文学大系〉》，署名为炯之）。当时他提到了良友公司所编的几本文学选本颇为值得注意：

小说一集（茅盾编选）

小说二集（鲁迅编选）

小说三集（郑伯奇编选）

散文一集（周作人编选）

散文二集（郁达夫编选）

戏剧集（洪深编选）

"就已出的六本书材料分量说，笔者觉得这种篇幅四百页到五百余页价洋七角钱的书,已无可疵议。"这套书的编选者可谓是名家云集,可见出版社对于编选质量是有所期望的。沈从文对这套选本总体觉得满意,只是有针对性地提出了个人意见,如"茅盾选小说,关于文学研究会作者一部分作品,以及对于这个团体这部分作品的说明,是令人满意的。鲁迅选北京方面的作品,似乎因为问题比较复杂了一点,爱憎取舍之间不尽合理。……周作人选散文,大约因为与郁达夫互商结果,选远远的郭沫若不选较近的朱自清,(正与郁达夫冰心朱自清相同)令人微觉美中不足。郁达夫选散文全书四百三十余页,周氏兄弟合占二百三十一页,分量不大相称(其实落花生不妨多选一点,叶绍钧可以不选)"。应该说,沈从文是看中这套选本的,因此给予真诚而客观的意见。同时他在此文提到的关于编书的注意事项也颇为有趣。

一是编选者的个人趣味不应该有损选本的真正价值;二是编选者责任自觉,应该极客观严谨;三是"编选者应注意作者作品——尤其是作品的影响、意义、价值,加以分析,不能尽从所属团体或搜索文章一二字句作为这个人全部作品的批评";四是"总其大成的对分部编选人能否胜任，得在他名头以外注意一点实事"。最后一点即版权问题，"例如散文二集选周作人十多万字的文章，是不是应给版税"。应该说沈从文所言编书五点，至今仍可作数。

从沈从文后来的物质文化研究可知，他读书的范围可说是广博而庞杂，后来把马、列、毛等大部头的文集都通读了一遍（按黄永玉的文章说法应该是读了好几遍）。早在1937年初时，他的读书兴趣就成为媒体关注的热点，如1937年1月1日《宇宙风》即刊登了沈从文《二十五年我的爱读书》一文，他就列了两本，李健吾的《福楼拜评传》、萧军的《八月的乡村》。同年2月26日沈从文还为邓以哲著《西班牙游记》作书评在天津《大公报·文艺》上发表，他对这本小书的视角、细节、风情等等颇为肯定，说作者并没有写成一本"极蹩脚的旅行指南"，且对作者深入西班牙民族性格和血液的描述深有感触，因此觉得此书有一个缺点就是篇幅太短，读来不过瘾。斗牛场、乡间妇女、舞蹈、建筑、雕刻、内战等等，一直希望能出国去走走的沈从文显然对西洋的很多文化元素充满了兴趣和向往，他渴望更多的了解，因此读了不少此类的书。

看汪曾祺的回忆文章说，抗战时期，沈从文在云南时常借书给朋友、学生们，"联大很多学生手里都有一两本扉页上写着'上官碧'的名字的书"，简直是在散书了，这显然与一些读书人的"书和夫人概不外借"的原则是相悖的。记得后来沈从文的学生诸有琼曾作《书兮归来》，呼吁曾借用沈从文的研究用书和史料书的人士尽快还书本人，此为后话了。

汪曾祺还记得，老师沈从文读的书五花八门。"他的藏书也真是兼收并蓄。文学书、哲学书、道教史、马林诺斯基的人类学、亨利·詹姆斯、弗洛伊德、陶瓷、髹漆、糖霜、观赏植物……大概除了《相对论》，在他的书架上都能找到。"沈从文看书的习惯也很有趣，大量做批注，并粘贴纸条，纸条上密密麻麻都是字。关键是有些题记和批注似乎与此书无关，"比如，有一本书后写着：'雨季已过，无虹可看矣。'有一本后面题着：'某月日，见一大胖女人从桥上过，心中十分难过。'"为什么这个大胖女人使沈先生心中十分难过呢？其实这样的疑问也好解释，作为一位敏感的作家，看书的时候常常会联想一些东西，会浮想联翩，会出神，会灵魂出窍，因此引发一些看似不相关的感想也就不奇怪了。

沈从文对于借书给别人总是很大方，似乎每借出去一次就是一份福分的积累。这一点在沈家也是颇有传承，记得我到沈龙朱（沈从文长子）先生书房时，先生就曾指着屋内堆积如小山的书堆说，喜欢什么选一些，选一些。先生脸上满是微笑，使人难以婉拒，似乎是在求人帮帮他的忙。

但真正让沈从文伤心的事也与书有关，沈从文的妻弟张宗和的女儿以端曾在特殊时期去看望三姑爹，说屋内很多书都不见了，其中不少是好友作家送的签名本，还有三姑爹耗尽心血做研究的工具书，抄走的抄走，剩下的六分钱一斤就地处理。三姑爹抹着眼泪说着那些书，像是在说永难见面的好友和亲人。这事在黄永玉先生的回忆文章中也曾提过，可谓往事不堪回首。

使我感兴趣的是，沈从文对黄永玉一双儿女的读书教育，1971年"六一节"沈从文简直像是"特务"似的致信这对表孙表孙女："这是七一年儿童节一个礼物，正是你们脱离了'儿童'时期，需要读《三国演义》《西游记》和《天方夜谭》时，特意为你们一代写的。……但如善于学习，总还是有些益处，不下于《西游记》《镜花缘》《天方夜谭》。"沈从文所言的这个礼物，就是他在湖北双溪下放时写作的《来的是谁》,据说是黄家家族的传奇,只是囿于时间环境,沈从文只写了两万字的楔子,他本有心作一部长篇小说。但要知道沈从文身处的下放之地条件极其简陋,能留下这个长长的开头已足以令人感动了。沈从文在信中一再对两个小读者提醒,初稿读者只能是沈黄两家,不宜外露,并说"观点立场不一定把握得住"。但他在那个特殊年代写作不辍并建议孩子们读读家史和地方志,其善心可见,其良苦用心亦可见。

沈从文题签《曾景初木刻集》

沈从文喜欢木刻画，并且很会解读木刻画的渊源，甚至撰文直指创作利弊，并呼吁木刻家向中国的传统图案学习，从中国文物中汲取营养，从而大胆尝试，解决木刻画的出路问题。1939年他就发表过一篇《谈谈木刻》。

1948年沈从文又为家乡的版画家曾景初出版木刻集题签作序，详细展开了他对木刻画的认识及未来的期望。

曾景初，湖南双峰人，少年以书法出众，成年后自学木刻，曾得到李桦、野夫等人授教。毕业于上海美专，早年曾在长沙、衡阳等地举办木刻作品展览会。1948年后，曾景初在长沙任报刊美编，这一年三月，他的第一

沈从文为曾景初题写书名的《曾景初木刻集》封面。

本木刻作品集得以在长沙纵横出版社出版,此前他给在京的沈从文寄了作品集,约请沈从文作序。沈从文欣然应允。

  景初先生从长沙寄了些木刻画来,说拟印个专集,分送友好,所以要我写几句话作个纪念。关于木刻艺术,当前有说话资格的应推李桦先生。因为这工作近二十年来的发展过程,惟身经其事的人始说得出得失甘苦,我并不当行,意见未必中肯,可说的恐不免近于题外闲话。

这是沈从文作序的开头,沈从文对于木刻画难道真的"并不当行"吗?且看他的层层分析。

> 这工作(新木刻)在中国生长发展,比起文学戏剧及艺术各部门都晚些,比电影与漫画似乎也晚些,所以数成就,当然宜作小弟弟的成就看待,……这工作生长发展,正因为系从外来影响刺激,和传统木版画及其他方面工艺均不相关,时间又恰恰是北伐后社会变迁最剧烈时期,所以作风课题和社会问题作正面接触,起始即带社会性,和对于强权政治的否定性。

沈从文开头就点出新木刻在初进入中国时的题材问题,"中国作家先学到的却是海港码头,苦力伤兵一类题材占较多分量。和照相题旨接近,与漫画取材也衔接,一部分又配合文学主题"。与此同时,传统的木刻则正以各类笺纸的形式在京苏杭沪各地售卖和人们的来往信札中流传,如郑振铎还印行了彩色笺谱,抗战时期四川还印行过"侍(诗)婢家画笺",这类画稿的作者有金冬心、陈老莲、任伯年、吴昌硕、陈半丁、溥心畬、齐白石等。但是新木刻并不与这些有什么关系。"新兴木刻长处是能把握问题，具有教育效果不至于转入琐细玩赏。弱点是一切优秀传统的存在，凡足以丰饶这个工作收成，扩大这个工作试验价值的，都不免例受了忽视和限制，无从取法。长处在此弱点也就在此。"沈从文还以当时的木刻画家举例，一是陈烟桥，二是李桦。"私意以为烟桥笔较粗豪，底子近于大痴吴仲圭画，若知从传统学习，必容易就彩陶、战国猎壶、楚器、铜镜、匈奴族铜器、汉武梁石阙、霍去病墓前人熊大浮雕、晋六朝十七孝石棺浮刻、天龙山造像、敦煌壁画、宋锦、宋至清初瓷上黑彩绘画，及其他工艺品上种种不同表现，加以综合，得到一种深刻的启示。李桦底子近于素描蚀刻，若肯从传统学习，必容易就镂金铜器及其他镂金镶银杂器，战国漆器，雕玉与剔红，缂丝和织锦，及一切优秀浮雕，半肉雕，由《女史箴图》至《金瓶梅》版画，宋暗花玉清豆彩瓷，明苏式金银嵌漆器等等碰头，从这些优秀遗物设计构图上，敷彩配色上，以及各种器材运用上，有会于心。能综合前人长处，即可望由旧的土壤中产生许多新东西。我所谓新，将不仅是在本国使这部门工作成为一个新艺术单位，令人眼目一新，还必然将在国际木刻展上，形成一个新印象，新倾向。"

应该说，沈从文对于当时的新木刻研究是花了一些功夫的，观察作者，观察风格，观察整个的艺术形势。他并非不看好新木刻，而是给予特别的厚望；他以为新木刻不只是报刊的插图，完全应该成为一个独立的艺术门类，即今天我们所说的木刻版画。因此他建议要从立意上、从题材上、从形式上完全实现独立创作，但同时也要注意吸收传统文化的精髓，"从木刻学木刻，从版画学版画"，真正走向大众，走进大众的认知度。他在《谈谈木刻》中也曾提及，新木刻能否下乡，能否走进大众的问题，"它离不开报章杂志的附庸地位，为的是它所表现的一切形式，终不摆脱报章杂志的空气，只能在大都市中层阶级引起兴趣，发生作用。想把它当油画挂卧室客厅大不相称，想把它当年画下乡去也去不了"。

正因为此，沈从文才建议木刻画家从人们真正喜闻乐见的传统图案中去找找出路。如曾景初所处的湖南长沙，他以为可以取法精美无匹的战国时代漆器，有千百种印花布，还有宝庆府，即湖南滩头木版年画，这种年画曾供给过湘南、湘西、川东、广西、贵州等地，数百万人家都曾购买过、欣赏过。就是长沙那些寻常人家门楣上的浮雕也都是富有个性的美术品。"每座庙宇的戏楼和神桌前面的浮雕或半透雕，木刻故事或图案意境，无一不是混合了拙重与妩媚而为一，随便割下一段来，当作客厅中的主要装饰或工艺博物馆的陈列品，都可称为上选。"

沈从文建议并督促曾景初，不可说随手作作，更不可抱着对木刻画只是普通要求，或只是从当前社会景象去找题材，家乡中各类传统题材实物图样，至少要看个三五千件，"再诚诚实实向各地老木匠、老石匠，用一个真正学徒方式，去向每一位无名大师讨教二三年"。"景初先生或许会和我完全同意，觉得家乡所迫切需要的，不是别的什么，倒是一种哲学，注入于各部门文化工作上，培养另外一种战士，来各自运用自己的心和手，从事一种否定'迫人疯狂驱人死亡'的活动，创造一些'使人乐生并各遂其生'的新工作，对人类文化进步作点更新的贡献了！"

从这篇较长的序言中，可见沈从文对于青年木刻画家曾景初寄予了厚望。时为抗战后的1948年年初，百废待兴，艺术家，尤其是新兴的新木刻艺术家如何发挥应有的作用，沈从文以为还是应该先唤起人们的兴趣与关注，对生命不再只是沉入悲壮，要给予更多的积极和亮色。正如他在1939年所发表的论新木刻文中谈及,"大家与其抽象,讲'刀法',争'派别',何如综合各方面知识,来作一种大规模的尝试"。

沈从文对于新木刻艺术的成长苦心可鉴,他将个人掌握的物质文化史料推介给新木刻艺术家们,提醒他们面对现实固然重要,但是丢弃本土固有的丰富遗产,也的确可惜,并且将可能是一种无谓的浪费。时至今日,在传统文化再次回归的大背景下,再回头看沈从文对于中国木刻画家的寄望,或许更具有别样的意义。

这本《曾景初木刻集》已经很难买到,前些年还曾上过拍卖台。沈从文题签的书法依旧是他的章草,书写有力,柔中带刚,应该说与新木刻的风格相得益彰。这幅题签也是第一次看到,《沈从文全集》并未收录。

沈从文题诗《送米图》

《林屋山民送米图》长卷在近代题跋历史中是一个比较特别的作品，此图所记的是晚清九品官员暴式昭的廉洁故事。暴式昭，字方子，河南滑县人，于清光绪十一年在苏州太湖西山甪头巡检司担任九品巡检官，清光绪十六年被撤职，原因可能是他"情性乖张，作事荒谬"。撤职后，暴之全家竟穷得无米下锅。同时，因为风雪之故，暴式昭全家人被困在岛上，无法辞行。

暴式昭是一个官场异类。按说身处基层官场，又是掌管廉洁政务的官员，跟着当地官员吃拿卡要也是常理，但暴式昭却公开宣称："我母亲老人家活着的时候，我尚

暴方子为良请廉作人有骨气曲园老人业为文称之为古灵子此道来固然可贵苇兄奇贤乃证见之生钦敬心

凤皇沈从文新觏

沈从文为廉吏暴式昭纪念集题写的书法。

且要廉洁奉公，而今怎么能为了妻儿的温饱去做不该做的事情？"

当然，廉洁自然是民心所向。当地百姓得知暴式昭的遭遇后，很是佩服他的为人品格，并感谢这位官员对他们的照顾和恩惠。这个处在太湖岛屿上的管辖地七八千户人自发捐米捐柴，冒着风雪送到暴式昭租住的居所。但没想到的是，此事还被诬为"向各户敛费求索"，说暴讹诈百姓。当地名流林屋山人秦敏树看不过去，绘制《林屋山民送米图》以为证据。这幅图无意中记录了当时岛民自发送米的场景，整个长卷以白描的手法，生动再现了西山岛民送米送柴的情景：白雪皑皑的林屋山下是几间低矮的茅草房，那就是暴式昭之家，几位山民肩背着米袋缓缓而来。暴家门口的地上已经静静放了好几个鼓囊囊的大袋子，不远处的水边停泊着一艘船，寓意着送米送菜送柴的人正源源不断而来。

暴式昭收到这幅画后，激动又欣慰，就去请俞樾题字，俞樾欣然在长卷上写下了"林屋山民送米图"，篆字苍古而不失优雅。同时俞樾还在长卷题诗："一官深压百僚底，今又一官弃如屣。尚何势力能动人，乃有山民来送米。……不媚上官媚庶人，君之失官正坐此。乃从官罢见人情，直道在人心不死。"

后来这幅长卷又得到吴大澂、许振祎、吴昌硕、曹允源、邓邦达、沈铿、江瀚等人的题记；到了民国时期又有胡适、冯友兰、朱光潜、俞平伯、浦江清、马衡、徐悲鸿等人题写诗文，徐悲鸿还另绘制了《雪篷载米图》。值得注意的是，俞樾、俞陛云、俞平伯三代人都作了题记。后来也是俞平伯与暴式昭之孙暴春霆一起张罗出版了这幅长卷及题记。在众多的题记里，还出现了沈从文的笔迹："暴方子为官清廉，作人有骨气，曲园老人尝为文称之为古君子。此《送米图》犹可仿佛见前贤行谊，观之生钦敬心。凤凰沈从文敬观"（原文没有标点——笔者）。

查沈从文年谱和诗词文集，均没有发现这则题记的记录。

从冯友兰、朱光潜、俞平伯等人的题记时间看，都是民国三十七年（1948年），当时暴式昭之孙暴春霆携长卷赶到京城，邀请各位名士观卷作题，沈从文当时已从昆明回到北平并任教北大，想必即是那一年所题。此书也正是1948年在北平彩华印刷局用珂罗版出版了一百本，原件在"文革"中烧毁。2002年，由钟叔河联系苏州名家王稼句再次出版了《林屋山民送米图卷子》,其后记中提及,1948年暴春霆携《送米图卷》到京城征求题记的事宜,并说朱自清在卷中有诗句"傻心眼儿的老百姓才真公道","可算是他的绝笔"。朱自清是1948年8月去世,此卷则是同年6月出版。

浏览沈从文几十字的题记,书法工整而富有雅意,是沈先生惯用的章草笔法。只是有几个字写法颇古,如"仿佛"二字即写成"髣髴",《楚辞》中曾有句"时髣髴以遥见兮,精皎皎以往来";而其中"官"字的笔法也颇有赵孟頫笔意,虽然只是简短不到五十字的题记,沈从文显然是用了心思的。

谭其骧请客周有光

因为要写周有光先生的事迹,偶然读到了《谭其骧日记》,发现两人不少请客的趣事。谭其骧先生为著名历史地理学家,著作等身,门下有一位著名的学生,即葛剑雄先生。这本日记就是葛剑雄编的,1998年在文汇出版社出版,编辑之一是安迪先生。透过这本日记即可发现,谭其骧与周有光相识很早,而且来往很是密切,常常在一起聚餐、散步及探讨学术和时事。

谭其骧早期为复旦大学教授,周有光为上海财经学院教授,我以为,两人在上海就已经熟识了。据谭其骧日记,1955年4月26日,周有光被从上海调往北京到

2016年，111岁的周有光举杯贺新春画像。沈龙朱 绘

中国文字改革委员会任研究员。到京第一天，谭其骧就与周有光取得了电话联系，并叙谈及至深夜。

而谭其骧则是先周有光一个多月到京，据说是因为毛泽东与吴晗议起历史地名工具书《历代舆地图》（杨守敬），由此成立"重编改绘杨守敬《历代舆地图》委员会"，由吴晗、范文澜主持，决定聘复旦大学的谭其骧赴京主编。

谭其骧与周有光取得联系，此后几乎是三两天就要见一次面，吃饭、喝茶、看戏、闲聊、论学，等等，可谓无话不谈。他们有着共同的爱好，如昆曲；也有着共同的朋友，如俞平伯。

俞平伯和妻子许宝驯都是昆曲名票，后来还曾与周有光夫人张允和一起恢复北京昆研社。许宝驯的弟弟许宝騄，与谭其骧的妻子李永藩是亲戚。谭其骧到京不久就去拜访俞平伯,常常一起拍曲、吃饭。

1955年4月27日,周有光到京第二天,就来到谭其骧的居所相见。"下午四时周有光来,五时出门,同至中和买杨宝森票,吃都一处,大栅栏一带逛街。七时一刻开演,宝森唱《骂曹》《洪羊洞》双折,相当过瘾。同归,有光即借宿向公床上。谈至一时许。"看谭其骧日记,向公应该是敦煌学家向达,周有光与谭其骧常常夜谈而不归,因此借宿在此。

次日(1955年4月28日),"晨,伴有光至隆福寺早点而别"。

5月4日,"傍晚出门访周有光,菜根香进晚餐。饭后同至四牌楼听大鼓"。

6月11日,"晚应周有光约,赴劳动剧场看张君秋《彩楼配》,演至《评雪访踪》时掉点,匆匆即归"。

6月16日,"下班访有光,饭于菜根香。饭后北海茗饮,十时归"。

6月21日,"九时(晚)有光来访,十时同至四牌楼冷饮"。

6月28日,"会后至马神庙访有光,菜根香同饭。至珠市口看秦腔《秦香莲》。生角王晓云,唱得不错"。

从谭其骧日记可见,他与周有光几乎是三五天就要见面吃饭、看戏,当时周有光应该住在沙滩,与谭其骧相距不远。两人吃饭的地点多集中在菜根香、四牌楼清真馆、四如春、北海白塔茶座、便宜坊、牛肉宛、东安市场、闽江春、鸿宾楼等。12月4日,谭其骧与周有光等人在游览陶然亭后,还去西单大地西餐厅吃了日本素烧。饭后到周有光在浙江大学时的同事、中央音乐学院教授杨云慧家畅谈到深夜十一时。

两人一起看秦腔、昆曲、京剧、湘剧和西洋乐演出,还常常一起洗澡、去公园散步。谭其骧还常与周有光、张允和去俞平伯家聚餐和拍曲。当时谭其骧一个人在北京,家属都在上海,生活孤寂可想而知。同时他还面临着留在中国科学院工作还是回复旦大学的问题,复旦方面多次来信催他回归,他是比较困扰的。与周有光的交往,消解了他很多的困扰、烦恼。

在与周有光交往期间,谭其骧还认识了沈从文、张兆和、张定和等。1955年9月25日,谭其骧乘《人民日报》卡车前往出版局时就与沈从文同行。

1956年3月10日,谭其骧在好友恩成家聚会遇到了张兆和。同年5月31日,"晚饭后访有光,不值,与允和及其三妹、三弟谈至九时归"。三妹、三弟即兆和、定和。

因为有着同样的爱好,谭其骧与张允和还常常参与曲会,此时受到政治运动风波影响、"下岗"在家的张允和正好在与俞平伯、许宝驯等倡办北京昆曲研习社,早期谭其骧也是参与人之一。6月8日,"晚赴有光处饭,同座赵景深,杨云慧。饭后偕允和同赴郑彬家唱曲,又赴人民剧场看滇戏《打瓜园》《荷花配》"。

8月5日,"六时半赴鸿宾楼吃饭,到者平伯夫妇、许四、袁六、陆大夫夫妇、伊、苏、周、宗和、李鼎芳、许老、盘生、钱一羽,余与允为主"。其中提及的俞平伯、张允和的大弟张宗和、李鼎芳、沈盘生等人都是北京昆曲研习社早期成员,查北京昆研社成立日为1956年8月19日,这一次宴席由谭其骧和张允和为主,可知两人为昆研社的启幕共同做着努力。

只是,昆研社成立的那天,谭其骧正好回到上海。两月后,他又回到北京,1956年10月21日下午,在访问了周有光、张允和后,他们"同赴袁二处吃饭、听曲"。这一天对于张允和来说也很特别,"今日允和、郑亦容收许宜春、胡葆弟为干女,故有是举"。此后直到

1957年1月份，谭其骧结束在北京的工作回到上海，一直未间断过与周有光、张允和的聚会。

查询1996年4月15日，张允和致曲友朱家溍信，其中即提及："附上《超越死亡》一文，这是复旦大学葛剑雄写他的老师谭其骧，其中写到有光，谭是昆曲爱好者，他曾为我的《江湖奇妙船队》一文，画了《全福班走江湖图》。"从中可知，在张允和写作昆曲研究文章时，曾求助于谭其骧有关历史地理的渊源，并请他手绘了江南昆曲全福班当年巡演区域的地图，这幅图就收录在张允和的著作《最后的闺秀》一书中。

在葛剑雄的文章《廿八年华正当时》里则记录着八十年代时他随老师看望周有光、张允和的情景："1985年5月，先师季龙（谭其骧）先生利用出席中国科学院学部大会的休息日看望他的老友周有光先生。我正随侍先师，有机会谒见周先生和师母张允和先生，并留下了一张当时远未普及的彩照合影。此后，除了我在1985年去美国一年外，每次先师去周先生家都是由我陪同的。在先师归道山后，我仍不时趋谒。近年来为不影响他的正常作息，一般每年见周先生一次。"

根据葛剑雄先生的记录，九十年代时谭其骧曾对周有光说,"今天到你这个寿星家来,也好图个吉利,多活几年"。周有光先生却说,"你错了,我只有三岁"。周先生解释说:"我过了八十岁生日,就宣布旧的周有光死了,我已经获得了新生,新的周有光只有三岁。所以别人过了八十就担心还能活几年,在数日子,我过了八十却从头算起,这些年都是额外得来的,还能不高兴吗?"在回去的路上,谭其骧对葛剑雄说:"周先生真了不得,不但身体好,心境也不同一般人,肯定能活一百岁。"

在谭其骧心里,一定是视周有光为知己的。反之,周有光对挚友谭其骧,也有着深深的理解。这样的友谊,无论乱世,还是平时,都令人羡慕和追忆。

张允和的《诗歌新韵》

周有光先生是著名的语言学家,却很少有人知道,周有光夫人张允和早期也曾从事诗韵的研究,并出版过一本《诗歌新韵》,第一次印刷就是22000本,可见出版社对于这本书的重视。

这本由上海教育出版社于1959年11月出版的小书,字数13.3万字。书的开本是小32,每本定价为0.50元。查周有光的年谱可知,周有光于1957年从上海经济学界被调往北京参加文字改革工作,并于1958年参与起草《汉语拼音方案》工作,出版由他主编的《汉语拼音词汇》,1959年出版《拼音字母基础知识》。而张允和在此期间积极参与对昆曲和历史文化的研究，曾得到曲家俞平伯和时任人民教育出版社社长叶圣陶的肯定，于是张允和就"大着胆子"往前走了。想必这本小书就是她在那一时期的研究成果。

从书中"凡例"可知，这是一本工具书，"凡例"第一条说明："这是一本汉语分韵词汇，收字一万多个，收词三万多条，都是现代文学语言所通用的，可供诗歌韵文的写作者、歌唱者、朗读者和阅读者检查参考。""凡例"中同时说明："本书根据普通话标准语音，把现代汉语词汇分为二十二个韵类，每一韵类再按四声分为韵目，共计八十七个韵母（轻声和儿化不计）。""采用汉语拼音方案为注音工具。末字同韵同调的词，在同一韵目之下按照拼音字母顺序（a, b, c, ……）排列。""必要的地方，汉语拼音字母以外用旧的注音字母对照，或用国际音标说明。"

众所周知，中国诗词有新韵和旧韵之分，旧时没有汉语拼音，很多读音也与现代汉语拼音不同，因此当《汉语拼音方案》公布后，就迫切需要编辑新韵书用于说明和解释。因此当1958年周有光参与的《汉语拼音方案》公布后，就有专家建议应该编一本新韵的书；事实

二十世纪五十年代,周有光与张允和在苏州怡园留影。

张允和编《诗歌新韵》封面。

上也有专家学者在准备，只是当时未能引起较大的重视。直到1965年才公布了由中华书局出版的《诗韵新编》，此后该书一版再版，沿用至今。《诗韵新编》一书的简介称："《诗韵新编》是按照现代汉语规范化读音用韵而为旧体诗作者编写总结的一套'新韵'，也就是倡导摈弃盲目守旧的观念，与时俱进的采用更加符合现代汉语发音习惯的'宽松的押韵'即宽韵，采用这样的新韵将会让我们写诗填词的用韵范围更加广阔，无疑这是广大古典诗词爱好者的福音。"

实际上有关新韵和旧韵的问题一直在业界存在各种争议，如何解决其中的差异也是众说纷纭。"今不妨古，宽不碍严"是中华诗词学会制定新韵时的原则之一，但就目前出版的权威的新韵工具书而言，仍未能圆满解决问题，业界甚至由新旧韵问题延伸到了中国诗歌的形式改革。只是在参与争议新韵旧韵问题时，似乎没有人提及张允和这本《诗词新韵》。为了能够更直接地说明问题，张允和还在书中特别制作了两张表，一为《韵类表》，二为以北京口音为代表的《儿化韵举例》，可见当时编目的用心。

而在周有光和张允和的著作中，都未提及这本书，我也是在购买张允和的旧书《书的故事》（译作）时偶然买到了此书，遗憾的是周有光先生已经仙逝，无法当面向先生请教详情了。欣慰的是我在张家姐弟的好友赵景深的书中发现一条线索。

赵景深在致信已经去台湾的张家长女张元和时提及："你的二妹允和在北京研习社。说来有趣，本来她是演旦的，近来忽发奇想，要演丑角了，在《守岁侍酒》里，她扮演书童，她说演得很活泼生动。二妹夫周有光是语文专家，前些天还到我们复旦中文系来做过一次报告。你二妹还编了一本《新诗韵》。"这封信写于1962年5月，当时赵景深正热心于昆曲事业，于是想到了在台湾的张元和、顾传玠夫妇，希望他们能为国家的昆曲事业再做贡献。此时张允和也正在北京昆研社忙得不亦乐乎，也可以说正是因为对昆曲的痴迷，使得张允和有心编了这本诗韵小书。也使得我们在熟知的"最后的闺秀"之外，能够了解到还有一个同样热衷于语言学研究的张允和。

阿英书话之闲话

前段时间（2018年春季）我又去拜访了年逾九旬的钱璎女士。她是为苏州文化孜孜不倦努力的文化人士，在昆曲、年画、藏书方面做过很大贡献，她的父亲正是近代藏书家阿英。钱璎女士身在苏州，心里却始终惦记着父亲捐赠给家乡（芜湖）的书籍。她说自己现在行动不便，恨不得早点回去看看那些书怎么样了，也不知道是否有人研究它们。

钱璎女士提及，这批书捐赠运输时，曾在南京遗失了好几包，后来补的捐赠书目中则不含有这些遗失的书，因此也无从知晓到底丢了哪些书。她说，书捐赠之

阿英著作《阿英书话》封面。

后，曾请古籍版本专家江澄波先生去看过，江先生回来说，你父亲藏的书真是不得了，的确是好书。时过多年，我就此向江澄波先生请教到底有哪些书。江先生说，他去看阿英的藏书是在北京，那时阿英去世不久，书房好像是在天安门西侧的地方；依稀记得有康熙年间的《虎丘山志》，有康熙皇帝过大寿时各地刻印的图画本，木刻版，很精美的，还有一些晚清版本，文学类的不少；很可惜的是，阿英的藏书分得太散了。

阿英，原名钱杏邨，原籍安徽芜湖，早年参加革命，喜欢藏书，并致力于对各种文艺门类的研究。阿英的研究范围很广,电影、戏剧、小说、版本、美术、民俗等等,对文学理论及民俗美术的研究贡献尤大。阿英一生转战大江南北,后在天津担任文化局局长。无论身处何地,他总喜欢搜寻古籍版本和版画书收藏。记得阿英的外孙凡晓旺先生(钱璎之子)曾经写过对外公的印象:个子不高,穿着朴素,为人谦和,喜欢钻故纸堆(《外祖父阿英的藏书》,载《姑苏晚报》2011年9月18日)。阿英早年在苏州淘旧书、旧资料,常常是守着这些"宝贝"却饿着肚皮,他自我解嘲道:"米粒儿没几颗,菜根儿无几个,空把着文章做什么?"但是一旦有了点闲钱马上就会犯瘾,继续去买去研究。可谓痴心不改。

偶然读到阿英亲属写的一封信,其中谈及,"阿英不仅是现代著名作家,还是与郑振铎齐名的大藏书家和中国近代文学研究专家。他的住房和藏书房,历来受到中央的特殊安排,即便在战争年代"。

阿英在"文革"之前住北京棉花胡同一座独家四合院(内有十几间藏书房)。"文革"开始后,阿英被打成"反革命"扫地出门,近十万册图书和近万件文物字画的珍贵收藏被抬走,全家被安排在炒豆胡同一间小平房里。

"1975年在邓小平同志主持中央工作期间,在中央

2018年4月,阿英的女儿钱璎女士在家中整理资料。

领导又是阿英新四军老战友的直接过问下",阿英恢复了名誉和政治待遇。当时要求退还阿英被抄走的全部收藏,并尽快妥善安置阿英的住房和书房。"阿英的原住房独家四合院,'文革'期间被当地派出所占用并被改造成公用房,无法搬回"。后来国管局又给安排到了东城史家胡同国家科委一位领导人所住的独家四合院,但此人是阿英的老战友,阿英坚决不去。

根据这封信内容透露,阿英当时被抄走大量珍贵图书和文物(连同二十多个红木书橱),剩下的则堆放在北京市文物管理处查抄办公室。"阿英当时并不知道已身患绝症（晚期肺癌），他向国管局提出先找几间房子临时安置下，住房和藏书等他病愈后，物色到合适的四合院再定。后来就安排到了四机部招待所二个单元，阿英要了一个单元。"生活稍微稳定后，阿英急从北京市查抄办公室先要回了自己的文稿及整理多年未完成的有关中国近代文学的资料图书，堆满了整整两间房子（连壁橱、过道）。当时阿英住协和医院，不时嘱咐女婿女儿帮他整理文稿。

正在等房子过程中，阿英先生突然病故（1977年）。病危时，中央领导前去看望他，他遗言两条：一是要求被掠夺的图书、文物字画全部捐给国家（连一分钱捐赠费也不要，这些东西现分别属故宫博物院、北京图书馆、首都图书馆、外交部图书馆）；二是只留下自己的文稿和需整理出版的有关中国近代文学资料集和晚清文学丛钞的图书、报刊。同时嘱咐女婿和女儿帮助他完成并继续研究。阿英去世后，他的子女又将剩下的为数可观的图书，（堆放在北京文物管理处的）文物字画主动无偿捐赠给阿英家乡芜湖市图书馆。陈云先生特别建议芜湖市图书馆开辟阿英藏书陈列室，并亲自题匾。好友李一氓也题写了"文心雕龙"。据新闻报道称，1987年，阿英的子女钱璎、钱小惠、钱厚祥，秉承父亲的遗愿，将12000多册珍贵书籍及一批字画、文物捐赠给家乡芜湖。

随着这批藏书的回乡，阿英的骨灰也从八宝山迁回芜湖安葬。芜湖市图书馆开辟有阿英藏书陈列馆。只是相关的专门研究和整理，钱璎女士认为进展不大。北京大学教授陈平原先生也曾撰文指出，"阿英藏书落户芜湖，保存很好，可惜利用率不高"。这让我想到了在安徽大学图书馆看到的唐德刚藏书，虽然辟有专门的藏书室，但也只是藏着。学人捐书，应该有专门的学者参与研究和利用。在此方面，李欧梵的藏书落户苏州大学文学院，即由此带动苏大成立现代中外文化关系研究所。我曾在拜访季进博士时得以参观藏书，并了解研究情况。

阿英在业余时间收集和整理了大量的木版画，在他去世后，偶然被女儿钱璎发现，分别于2005年、2007年两次捐赠给苏州桃花坞木刻年画博物馆，捐赠藏品314幅（《姑苏晚报》2008年1月18日报道）。其中不少作品是第一次出现，可说是填补了相关空白，补充和丰富了年画样式；同时这些藏品对于民俗研究以及传承人的继承和创作，都具有相当的意义。前段时间，桃花坞木刻年画博物馆已经对钱璎捐赠的阿英藏品进行了系统的保护性整理，并举行过专门的展览和文献研究，相信在未来会有更多的研究成果呈现。

与钱璎女士每次聊到她父亲藏书的研究，她似乎总有遗憾存在心头，甚至还希望我能去一趟芜湖探一探情况。说实话，我对阿英的藏书并不了解，只是深为钦佩他的藏书和用书，以及著书精神。

曾与王稼句先生多次说到阿英，而他正好在着手阿英著作的再版事宜，稼句先生操刀此善业，真是再合适不过。稼句先生说，阿英的很多书都可以再版的，内容都不必动，可以加一些配图，或是必要的修订和说明。据我所知，稼句先生整理的阿英著《中国连环画史话》已经出版，真是善莫大焉。与藏书研究相比，这项工作也是意义极大。

张伯驹的《太白山纪游》

《太白山纪游》，作者张伯驹，封面和内页有印章，"古吴汪孟舒"。小册子定价"壹百伍拾圆"。由于对张伯驹作品偏爱，新出的几乎是见一本买一本，而这本小书却是第一次看到。纸张略显粗糙，封面已经泛黑，内页用纸质量较差，能看到纸芯的杂质。繁体字，竖排，字号较小，有多处用刻字方式订正错别字。细读内容，发现与2013年出版的《张伯驹集》中的"太白山纪游"章节有重复的地方，但2013年版本只有两页多内容，而这个小册子的游记更加翔实，足足十页，且是以日记形式记录整理的。

查《张伯驹集》，其中记录1945年夏，偕夫人潘素和女儿传綵同游太白山。但却未提及是几月几日，而这个册子里显示，这次太白山游程是从初六日开始，到十五日结束。从此"纪游"可以得知，张伯驹对太白山脉的壮丽峥嵘"觊觎"已久，只是苦于交通不便和治安问题，一直未能成行："只以不临通衢孔道，所处幽回，森林菁密，嶂岭重复，又以疾风暴雨，凝冰积雪，故游旅鲜能登涉，书志少见记载。余癸未居秦，欲一往游，惟以山深地僻，治安堪虞，因商于熊明哲主政，愿附骥以行，得以免除多少困难。后偶一蹉跎暑日已过，未几哲明去官，遂罢斯想。"

熊明哲即国民党高级将领熊斌，1941年至1944年期间，熊斌任陕西省政府委员兼省政府主席，并兼陕西省保安司令。癸未年即1943年。熊斌在公务之余也喜欢收藏书画，据说所藏精品多是请张伯驹掌眼，后来熊斌就任北平市长还与张伯驹保持联系。

在《张伯驹集》中同行者除了妻子、女儿外，还有关、冯、王、常四君。在该册中则点出了"关"即"六安关德懋"。关德懋为安徽六安人，字伯勉，出身世家，喜欢书画。根据《关德懋先生访问纪录》中记载，关德懋在北伐后,曾追随陈铭枢,担任武汉卫戍司令部少校秘书、粤省府秘书。后负笈德国,归国后追随翁文灏,任职行政院科长、参议等职。其间,曾担任德国莱希劳上将访华随从翻译。1945年关德懋担任工矿调整处西安办事处主任。张伯驹一家在西安与关家过往密切,当时谢稚柳在西安举办画展就住在关府,并因此结识了张伯驹。

张伯驹于1942年10月与妻女到达西安,开始筹备秦陇实业公司,担任经理职务。当时他把所藏书画悉数带往西安,可见曾有长居打算,因此在当地交往朋友也较多。

在此册游记中还提及了另外同行三人分别为王中琳、冯尚文、常砚楼。出生于杭州的冯尚文为当时的爱国实业家,在西安创办有火柴厂和面粉厂,积极支援抗战事业。常砚楼为湖南人,精于画艺,曾任陕西潼关县长。王中琳则不知详情。对照来看,《张伯驹集》中,有关人物活动的描述几乎都不见了,如初六日出发,张伯驹与妻子、女儿是从家里吃了晚饭后到工矿调整处与常砚楼会合,乘坐夜里的火车赶到咸阳。第二天到达郿县站,关德懋与王中琳已经先到一步相候,此时他们的游伴又

张伯驹著作《太白山纪游》封面。

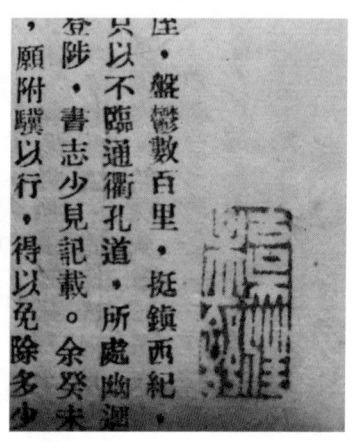

张伯驹著作《太白山纪游》里有"古吴汪孟舒"的印章。

增加了多人，如车站的范站长、郿县银行经理张君，"一行共二十余人，驴子十几头，小车三乘载行李，另三人背干粮食物，……全由范站长张君调度"。后至渭河渡口乘船，辗转到达董卓封邑地，与新来的范君会合。到达郿县县城，由关德懋和王中琳去县署询问行程，县署给予乡镇介绍函一件、地图二纸，并派警二人照料。此时，整个旅游队伍已经渐渐"壮大"。队伍前行到达营头口镇时，由于一路跋山涉水，暑热难耐，整个队伍人员已经显出疲惫。因此全体人员就地借住在当地的小学校，学校原为龙王庙,室内尚有五座神像,张伯驹与妻支板为床,女儿则睡在桌子上,关德懋睡在大殿,还有其他人露天而卧。此时,已有三人因为渡河困难就地返回。接下来的行程困难重重,如线路规划、食物运输及少数人员须代步,为此关德懋与当地贾姓村保详加商议。最后于次日,即初八日决定雇村民六人,"以两木系绳上,缕置一板以当轿,每人四百五十元,共两抬,由慧素传綵分乘,前行须四日始达太白池,畏难退回者又五人"。由此可知,此行艰难险阻,不时有人退出"探险队伍",为了照顾女眷(当时传綵十二岁),只得雇人代步。但在一路险途中,张伯驹一行人却是饱赏瑰丽绝景,埋锅造饭,随遇而安,并随时沐浴天水之中,感受天人合一的惬意,可谓是收获颇丰。这些在游记中都有详细描述。

在旅途中,张伯驹还不忘他的本业。如十四日这天,他记录当地居民演出神戏,他们买瓜消暑,就地休息,顺便做点民情调查。"此地农民为缴公粮,贷款利息至廿分之高,金融机关高居都市,农民僻居乡村,若风马牛不相及,其得借款者,或非真正农民,其何以改善之。"可见张伯驹对当时的金融业很不满意,并深为同情偏僻地方的农民生活困境。使他不满意的还有山地的交通:"余斯游所得,以太白之奇奇于黄岳,险险于太华,雄雄于五台,峻峻于峨嵋。其林木之美,草卉之妍,兼有他山之有,积雪灵池,更有他山之无。使峙于欧美诸国,彼邦人士当如何夸大建设。所望当局有以注意,整理道路河桥,修葺名胜庙宇,保护林木鸟兽,并编纂志书,以无负所管领之名山。"

通读张伯驹《太白山纪游》,可知他的旅游不只是对自然的欣赏和探索,更是着眼于人文和现实,其中所记虽是小事细节,却也是秦岭高峰的一段史实。张伯驹所藏以《游春图》为著,览读他的游记更可知他对旅游文化的倾心和别致用心。这个小册子更翔实地还原了张伯驹一行人的太白山游历过程,且其详细记录颇具有史料价值。

此薄薄的册子无版权页,却有类似木刻章的定价,想必是一时的私印本。推测出版时间当在1946年至1948年期间,封面设计倒与二十世纪三十年代出版的《于右任先生太白山纪游歌、邵力子先生登太白山的感想》相像。汪孟舒的印章分别盖在了封面和扉页,可知汪孟舒对此书的看重。这是我第一次见到汪孟舒的印章,白文篆刻,双排竖排,线条曼妙,雅意十足。"古吴汪孟舒"亦可见主人对于吴文化的热爱。根据严晓星先生著作资料，汪孟舒为苏州人，古琴名家。汪家为姑苏望族一支，多来自皖南徽州，由商而仕，由仕而儒，家学深厚。这样的世家子弟性本低调，因此我除了在所藏的老相片中见过汪孟舒几幅旧照外，其他几无所涉。承严晓星先生告知，汪孟舒去世于1969年，且网上所传与汪精卫有族亲完全是谬传。如真有关，当年好友张伯驹被汪精卫手下绑架，孟舒绝不会袖手旁观。

楼宇栋先生编辑的《张伯驹生平简表》显示，"1938年，（张伯驹）居北平，除去盐业银行外，在家向汪孟舒学弹古琴，每月去郭则沄家聚餐，并与老辈共作律诗。潘素开始向汪孟舒、祁井西学山水画"。后来张伯驹回到北京还与汪孟舒等人发起北京古琴会，可见两人交往之久，或许正是此时赠书于汪孟舒？小册略有破损，或是主人看过不少遍了。

任凤霞所著《一代名士张伯驹》中介绍，张伯驹与潘素同游太白山是"夏历七月十三日"下山，月份可确，但日期恐怕不确。此书提及太白山游览，给了潘素创作的灵感，"泼墨不停"。后在拍卖台上确有潘素的《太白山五台峰》《太白山斗姆宫》等山水作品出现，且都是张伯驹的题跋,而张伯驹也曾专为和友人《太白山游记》作《沁园春》词,其中有句:"有凝冰积雪,终年不夏,灵花异药,亘古长春。紫气东来,黄河远上,画地浮天若可扪。何日问,始鸿蒙辟出,造化奇珍。"

赵元任的苏州一年

偶读新版的赵元任自传,属商务印书馆的"碎金"系列,装帧很漂亮,信手读来当然就先从感兴趣的苏州章节开始。

1905年,赵元任十三岁,时年不过三十岁上下的父母双双亡故。赵元任在常州老家上一代的近亲没有了,于是亲人就把他送到苏州,因为那里有他的外祖父和外祖母,还有舅舅和嫁到庞家的大寄娘(赵元任称大姨妈为寄娘)。由于外祖父中风,舅舅没有工作,赵元任在苏州先住在苏州楼(娄)门新桥巷的姨妈家。姨妈有三个儿子,长子常常教赵元任念书。赵元任很喜欢姨妈,因为姨妈和母亲长相很像,说话也很像,她们都会说京话,而苏州的那些亲戚大多是说苏州话的。这应该是赵元任研究语言的启蒙伊始。

赵元任说姨妈的婆家庞家是苏南震泽县的,从赵元任外祖父家住在苏州颜家巷的说法引申,不知道此庞家是否即大收藏家庞莱臣家族?庞莱臣为浙江南浔人,早年入官,后靠经商发家,集藏丰富,尤以元明时期书画为胜,现在一些博物馆所藏名画不少是庞家的捐赠。现在苏州颜家巷26号即庞家故居。

在庞家寄住时,赵元任说他学会了常熟话(此前赵元任已经学了保定话和常熟话)和常州话之外的第三种吴方言。因为庞家人在家里都是讲苏州话的。"苏州是吴地的首县,苏州话也是最正宗的吴方言。"赵元任看似是对苏州话的肯定,同时也提出了苏州话有点娘娘腔,"上声和某些元音发出很短促的抑扬顿挫的调子",由于这种细微的差别,促使一直用常州话读书的赵元任去试着"翻译"出苏州话里的一些新词。后来他还发现,当无锡人和常州人在北京见面,一般都会自觉使用上海话对话,因为这样比讲各自的方言有利于交流,但他却没有提及苏州人会有怎样的改变。

苏州颜家巷庞莱臣故居。

苏州颜家巷庞莱臣故居。

赵元任在苏州庞家起头"开笔",即开始写文章,写的是文言文。在庞家的生活悠闲而自在,还有许多表兄弟在一起玩乐,但赵元任还是想回到苏州城里颜家巷外婆家,因为去了外婆家就可以不用上学。在那里他可以和孩子们一起玩橡皮球,跳绳。他还学会了打麻将,据他的回忆有一次应该是打了一个通宵。

当然,赵元任最喜欢玩的游戏还是语言。在苏州他喜欢用"反切"法讲一种黑话,也就是古代人给字注音的方法。这样不熟悉反切的人就听不懂这种"黑话"了。后来他又跟着庞家表哥学会了用倒转反切说话,使仅熟悉反切的人也听不懂。这种游戏方式刺激了孩子们的好奇和骄傲，使他们感觉有一种自己发明了一种神秘感，这种小小的刺激也使得赵元任对语言学更有兴趣了。

在苏州，赵元任还学了英语，是跟着舅舅家的表兄弟学的，他记得自己当时就会用"You is dog"骂人。这应该也是不少孩子学英文的初始兴趣。

赵元任在苏州默默观察着街巷河道，他发现苏州城里的人家都是这样的格局，"两边有高墙的窄巷子，外面的墙越高，里面的人家就越大，越有钱"。这是赵元任在观前街玄妙观一带看到的景象，实际上赵元任外祖父的居所颜家巷至今还保留着这样的窄巷、高墙和大院的建筑格局。就是在这样格局的古城里，赵元任开始了他人生懵懂时期，"在苏州的那年，我偷偷地从聃生舅舅那儿看到一本书，把男女之间的事儿写得很具体。那几年正是我春情萌动的时候儿，也不免有些自我放纵的举动，不过这和恋爱没什么关系，跟我从书本和电影那儿得到的理论知识也无关"。

苏州城里有很多条窄窄的河道，女人们在房子后头临河的台阶上洗衣服，赵元任就在一旁默默地观察着这里与常州的区别。有一次他看到庞家房子后头，有一只猫在河里游泳,这只猫不知道什么原因跑到河对岸去了,一直喵喵叫个不停,但过往船只都没有人理它,最后它就自己下水游了回来。猫其实应该会游泳的,只不过不到万不得已的时候它是不会下水的。在苏州这一年,赵元任还有一个最大的改变:"这会儿我的世界观有了一个很重要的改变,也就是说,出现了一种现代的甚至是革命的观念。……都觉得满清王朝快要亡了(四年后它真的亡了),都盼着革命,但我们不敢在大人面前公开讲。"

或许正是因为在古老的苏州感受到了开放的意识,使得赵元任在1920年成年后,从大都会转回常州后极力请求家里帮着解除包办的婚约,并赶到苏州的外婆和姨妈家请求援助。后来事成,他又到苏州筹集解除婚约的费用,得以成功后,赵元任高兴地说:"我是我自己了!"很多年后,赵元任回忆起那次到苏州的感觉,由衷地说,"我又能随便讲常州话和苏州话了,觉得很舒服自在"。看来赵元任到底还是喜欢苏州话的,他对吴方言的情感可谓是一见钟情,一生不离。

《赵元任早年自传》,赵元任著,季剑青译,商务印书馆2014年10月版。

顾颉刚与文学山房

2017年初冬,我走过苏州仓街时一转眼看到了一张海报:"江澄波·姑苏好人"。大照片上的老人慈祥可爱,不是江老先生又会是谁?说心里话,看到江澄波先生上榜"姑苏好人",心里自然是欣喜的,江先生一生修书、爱书、护书、卖书,为保护中国文化做了很大的贡献。在卖书之余常常为爱书人解答疑问,他的不吝赐教使得很多人受益匪浅,说文学山房是一所大课堂恐怕也并不过分。江先生年逾九旬,突然开始在电视和网络上"走红",就连新生事物"好人榜"也开始关注我们的江先生了,可见传统文化的确在回温。但社会对于江先生的关注，我个人以为应该再早些，再深入一些，是否可以更加系统地把江先生的学问和治学精神，以及修书的本事原原本本地传承记录下来？当然这并不耽误江先生成为"好人榜"的一员。据我所见，江先生每天饭余必会撒米喂养野麻雀，风雨无阻，仅此一点，可见老先生的至善。

对于江澄波先生的履历，已无需赘述，家族历三代人以经营古旧书业为主，他打小耳濡目染，对古籍旧书有兴趣，更有感情。先生曾多次随着祖父、文学山房创始人江杏溪，及父亲江静澜出外收书，并钻研版本学，后来整理出版了《古刻名抄经眼录》《江苏活字印书》等颇具学术价值的著作。对于修书，江澄波先生更是早已练就一身真本领，国内藏书机构和个人藏家遇到此类"疑难杂症"也都乐于求教于他。我就有几次劳烦先生帮忙，他却不肯收费，说只是小事情，使我非常过意不去。

与江先生聊天总是离不开书，有一次我们谈及文学山房的老顾客顾颉刚先生。江先生说，顾颉刚出去收书很有"派头"（风度）的，他从上海带着四五个教授同道来苏州收书，他说先尽着他们挑，他们挑剩下的我都要的。在顾颉刚的日记里就记录了他于1954年3月与江澄波一起去苏州名家曹元弼家收书的经过，当时顾颉刚心

顾颉刚旧影。

疼这些失去主人的古籍，担心其被化为纸浆，可是他自己又"吃"不下这些藏书，于是建议文学山房与他一起收购下来，文学山房还出了两个伙计帮他打包书籍。

在与文学山房的交往中，顾颉刚有时还为文学山房提供收书"情报"，如寓居苏州的李根源的藏书被论斤卖了，悬桥巷丁家的藏书开始散出了……在与顾颉刚的合作中，文学山房更是本着把好书卖给识货人的原则，有了新到的书也会第一时间通知顾颉刚，由此结下了深厚的友谊。

抗战胜利后，顾颉刚携家人从重庆后方回到苏州故地，住在祖宅悬桥巷顾家花园，先在文通书局担任编辑所所长，但办公就在苏州家中，因此常与文学山房联系购书、用书。江澄波记得，那时期顾颉刚先生主要是需要古史和民俗类的线装古籍，并苏州地方文献类史料。只要遇到此类的，江澄波总会及时告知。新中国成立初期，"常熟丁祖荫'淑照堂'藏书散出，我曾收得善本数十种，其中有一部《水经注》，是乾隆时天都黄晟刻本，原衬订二十册，曾经桐城姚元之用朱笔校注，并有印记。顾老看到以后，爱不释手地要求买回去。但又提出能否分两次付款。我们同意了，他感到很高兴"（《顾颉刚访书》，江澄波著）。当时胡适先生正对《水经注》考证入迷，在史学界也是闻名一时，而历史地理学本就是顾颉刚先生分内之事，当然也会促使他对于这一本专业古籍的关注，虽然价格不菲，还是决然拿下。从顾颉刚那个时期的生活看，工作收入不高，经济困窘，但购书却是依然"大方"。

后来江澄波收到了一本《庚癸记略》的手稿本，主要记录太平军在江南吴江一代的活动情况。顾颉刚先生看到此书后，立即拿出名片并附上几句话，让江澄波直接与当时研究太平天国的历史名家罗尔纲联系,后来此书被买走,并被近代史研究所印入《太平天国资料》公开出版。

再后来,顾颉刚受邀到上海大中国书局担任总经理,并兼任复旦大学教授,因此常带着几位教授回到苏州文学山房淘书。在顾颉刚的私人日记和与叶圣陶、王伯祥等友人的书信里也常见到他在苏州淘书的记录。有一次,江澄波拿出新收到的一批古籍,计有:明初刊黑口本《南极地理》、代王府刊黑口本《谭子化书》、明嘉靖刊本《白虎通德论》(孙星衍校跋)、万历精刻插图本《净明宗教》(残存九卷)、明万历刻本《北西厢记》(吴门仌君素绘图版画)、万历精刻插图本《古本荆钗记》、清初旧钞本《有学集笺注》(有黄丕烈校跋,署名"书魔")、乾隆时人稿本《金惟骏诗集三种》(《排闷集》《野庵诗钞》《翡翠兰苕集》,有沈德潜、张鹏翀亲笔书序)、沈炳垣手稿《斲研山房诗钞》等。顾颉刚一一看过,就给江澄波写介绍信,让他找上海图书馆李芳馥馆长,建议上海图书馆购藏,后来这些书全部被上海图书馆购藏,可谓善事、幸事。

二十世纪五十年代初期,文学山房在编辑一本特别的"旧书"时，有缘得到顾颉刚作序，即那本形式特别、限量发行的《文学山房明刻集锦》。关于这本书的缘起，据江澄波记录是受到名家编书的启发，"另一次我在拜读顾起潜（廷龙）、潘景郑两先生合编的《明代版刻图录初编》时，得到启发。我想如果能把明刻残页装订起来，加以说明，不是更好吗？我就到上海四川北路大中国图书局拜访了顾老，把我的想法告诉他。他大加赞赏，表示愿为此书作序。因而我加快步伐做好了每种书的版本鉴定工作，并写了文字说明，先送潘景郑先生审定后再转发给他"（《顾颉刚访书》）。

时为1953年，这项工作由江澄波与父亲江静澜共同完成。对于作序的事，江澄波表示还是有些"故事"的。当时江澄波先去找了出身姑苏贵潘之家的著名版本学家潘景郑，潘先生当时在上海图书馆工作，他主编的《上海历史文献图书馆农艺史料目录》《上海历史文献图书馆台湾史料目录》《上海历史文献图书馆石刻分类目录》等影响一时。江澄波先生说，潘先生当时可能有些顾虑，就没有答应作序，但后来才知道，其实他是作了序的，只是没有拿出来，因此这个序也一直没能得见。在此情况下，江澄波才转而去请顾颉刚先生帮忙，没想到顾先

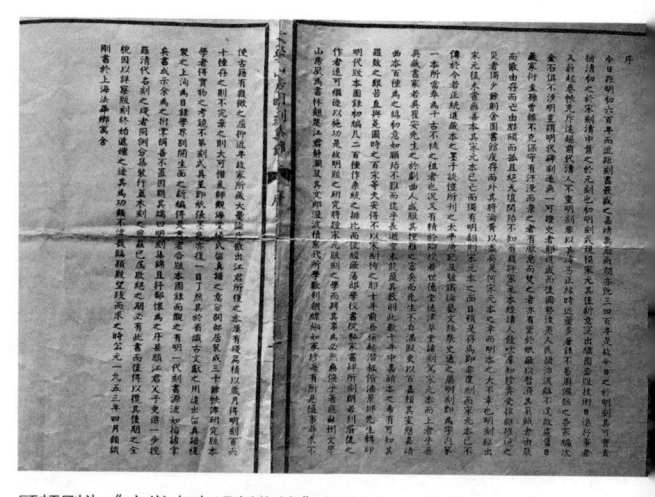

顾颉刚为《文学山房明刻集锦》作序。

生很快就写好了，钢笔字，以文言文写成，对明版作了很高的评价。这篇序言的原文从上海寄来后，就一直保存在文学山房，后来于"文革"时期丢失。江先生说，丢失了肯定是很可惜的，但这恐怕也是必然的，当时顾先生被打成"反动学术权威"，他的东西哪里还能保存在家里？

后来这部由顾廷龙题签的限量本出版后，大部分都入了各家图书馆，江澄波还特地送给了顾廷龙、潘景郑、顾颉刚各一部。问及江澄波先生现在还能否买到，江先生说，一共就三十余部，哪里还能买到？还说苏州都没有留下一部。

后来偶然读到藏书名家韦力先生的文章还专门提及此书："江先生告诉我，1953年文学山房就用自己库存的残书制作出一部《文学山房明刻集锦初编》，此书总计四册，收录了二百多种[1]明代的稀见版本，总计出版了三十多部。该书大受欢迎，很快就销售一空。此书是按年代顺序[2]排列下来，能让学习目录版本鉴定的人，得以清楚地看到年代不同时期版本的变化。当时，江先生的父亲找到了顾颉刚先生，顾先生看到样书后对此大为赞赏，并给此书写了序言。但此书引起社会轰动的同时，也有人撰文批评该书，说用实物做书是破坏文物，因此文学山房受到有关部门批评。"

破坏文物这顶帽子听起来太大，江先生的这句话让我倒吸一口凉气。为此，让我把进行了一半的此书进程停顿了下来。直到今天，我也没能把这件事继续下去。

---

1 2018年2月12日，江澄波先生在校对此稿时说，一共是一百六十种。
2 2018年2月12日，江澄波先生在校对此稿时说，是按照"经史子集"顺序编排的。

后来，我在天津图书馆的善本库中，看到了《文学山房明刻集锦初编》，我觉得那部书编得的确很好，并且书装也很漂亮。善本部的李国庆主任赞誉此书很有用，他说看这种实物书远比看照片要真实得多，可惜没人能继续下去。听李主任这么一说，我心里又有些不舒服，并非是不想办，而是觉得，做好事得不到好报没关系，但至少不要得到恶报。(《书店的面积搬一次小一次》，作者韦力)

由此可知这部书的特别价值和成书过程不易，甚至在成书后还有可能面对种种非议。不妨读读顾颉刚先生的序：

> 今日距明初六百年而近，距刻书最盛之嘉靖、万历两朝亦既三四百年。是故今日之于明刻，其可宝贵，犹清初之于宋刻，清中叶之于元刻也。初明刻式规模宋、元，其后新意浸出，绣图套板，技术日进。好事者又蔚起，卷帙充斥，远超前代。清人不重明刻，非以其薄劣，正缘时近量多，著录不易周备，犹之各家编次金石，俱不涉明，岂谓明代碑刻遂无一可证史者耶？道、

咸而后，国势凌夷，人民颠沛流离，不遑启处。旧日家藏，衍至孙曾，不克保守，有汗漫而弃之者，有厌恶而焚之者，亦有鬻于纸厂以暂济穷饿者，由聚而散，由存而亡，由夥颐而孤且绝，天壤间殆不知由几许。宋、元本经清人鼓吹，群知珍弆，受拉杂摧烧之灾者独少。余则舍图书馆庋存之外，其将沦胥以尽矣。是何宋、元本之幸，而明本之大不幸也。

明刻虽出宋、元后，未尝无善本。其宋、元本已亡，而独有明翻，则宋、元本之面目，赖是存焉。即非覆刻，而宋、元本已不传于今，若正统道藏本之《墨子》，谈恺所刊之《太平广记》，及《盐铁论》《艺文类聚》《史通》之属，明刻即为宇内第一本，所当奉为千古不祧之祖者也。况又有精于雠校，若世德堂、通津草堂诸刻，驾宋、元本而上者乎！吾吴藏书世家，若吴瞿安先生之于剧曲，人咸服其搜罗之富矣。而先生不自满假，更以"百嘉"颜其室，悬嘉靖曲本百种为之鹄。初意如愿殆不难，而迄乎长逝，曾未能盈其数。则此数十年中，嘉靖本之希有可知，其罗致之难苦，直与荛圃时之百宋等，夫安得不以宋刻待之耶？十年前，吾族起潜叔偕潘景郑先生辑印《明代版本图录初编》，凡二百种，作系统之排比，而后经厂、藩邸、学校、书院、私家、书肆所刻，朗若列眉。后之作者，遂可继迹以施功。是故明板之研究，将踵宋、元板刻之学而兴，其事为必然，无俟乎蓍龟。苏州文学山房夙为书林翘楚，江君静澜及其文郎澄波积累代所学，数列朝缥缃如家珍，每有所见，随事寻求，不使古籍有几微之屈抑。近年故家所藏，大量论斤散出。江君所获之本，屡有残篇。积以岁月，得明刻百六十种。存之则不完，弃之则大可惜。爰师观海堂杨氏《留真谱》之意，分别部居，装成三十余帙，俾研究板本学者得实物之考镜。不第刻式具呈，即纸张墨色，亦复一目了然。其于省识古文献之用，远出《留真谱》复制之上，洵为目录学别开生面之新编。得是书者，合版本图录而观之，有明一代刻书源流，如指诸掌矣。书成示余，为之抃掌称善不置，因题其端曰《明刻集锦》，且抒鄙怀为之序。甚愿江君父子，更进一步，搜罗清代名刻之残者，同例分集装行，盖木刻之风，兹已届歇绝之期，必有此书而后得以揽其后期之全貌，因以评察板刻终始递嬗之迹，其为功顾不伟哉！临颖殷望，跂而求之。时公元一九五三年四月顾颉刚书于上海法华乡寓舍。

顾颉刚先生的序中，不只是对这部书的价值的肯定，认为"其书远出《留真谱》复制之上，洵为目录学别开生面之新编"，同时更简述了吴地藏书的渊源，从这序中，更可想见顾颉刚当年为了拯救一大批古籍字纸免其葬身饭锅火膛或是纸浆厂的强烈责任感和文化自觉。

或许正是受到了顾颉刚的鼓励，江澄波后来又做了两本堪称工具书的书，即《古刻名抄经眼录》和《江苏活字印书》，前者被称为江澄波"古籍生涯"的缩影和旧书业的"活字典"。此书是江先生几十年从叶氏缘督庐、

1937年，苏州文学山房家庭成员在杭州留影。左三为江静澜，右三为江杏溪。江澄波供图。

管氏操养斋、赵氏旧山楼、沈氏师米斋、丁氏淑照堂、顾氏过云楼等藏家所得书中的片段摘记,包括每本书的题识、书林掌故,并对藏印加以注释。按经史子集四部分类,以宋元明清所刊中少见的或有特色的为主,以名家钞本、名人稿本及批校本为辅,共收了三百篇,还注明确知现在存于何处,以便学者寻访。每篇后还略介绍该古籍的访求、收归始末,基本呈现苏州一带的旧书往来脉络。

因为顾颉刚的一篇序,使得顾颉刚这位"读者顾客"与文学山房的感情又近了一步。江澄波说,在大炼钢铁的年代,已经进京工作的顾颉刚还曾回到苏州看他,"当时我在文庙用城墙砖垒砌的炉子炼钢铁,顾先生来看我,也未及多说些什么"。而此前的1954年,顾颉刚被调到中国科学院历史研究所工作时,要搬走家里的大批藏书,还特地请江澄波帮忙整理打包,当时包了一节火车皮。"临行前,顾先生请我们到西中市的'六宜楼菜馆'吃了一顿,席间还介绍了他去西北考察时的见闻故事。此后,顾先生需要买书仍然会来信委托,但从'文革'后就渐渐失去联系。"至今江澄波仍然感念顾颉刚的诸多帮助,当然,相信顾颉刚先生也会对文学山房的帮忙有所感慨吧。

　　在顾颉刚的书信录里收有一函是写给苏州文物管理委员会的，时间是1960年10月14日，其中提及"我于抗日胜利后，任文通书局总编辑，曾将编辑部设于本市东北街135号。其后因书局紧缩，编辑部移至上海，因房屋限制，当时以书籍九木箱，又一皮箱，又一大木箱，两书架，共十一箱、两架，及史学辞典卡片等留置旧处"。为此，顾颉刚特请当地与居委会联系商洽接管这些书籍资料，以免丢失。江澄波先生说，看这个情况，顾颉刚是想把这批书捐给政府的，只是不知道这些珍贵的书籍和资料下落何处。对此，江澄波先生颇为惋惜地提及，顾颉刚与他交流时一直是操着地道的苏州话，应该说顾先生对苏州是非常有感情的，晚年时还想着能回来住住；只是那时苏州还不够重视他的学问，那么大的一个学问家，时至今日还没有一个纪念的场所，不能说不是一个遗憾。

　　注：此文于2018年2月12日经过江澄波先生修订，特此感谢。

张充和感恩意大利诗翁

连读了陈子善先生于《上海书评》第385期（2016年6月19日）的《〈练习曲〉及其"陈序"》，徐文堪先生的《略谈奥斯基及其马可·波罗研究》（2016年7月10日），大为受益。手头正在整理的张充和女士资料，其中就有关于奥斯基的记录，而且她还在家信中对这位意大利诗翁大为感激。

二十世纪五十年代初期，张充和随夫傅汉思初到美国，暂居加州，生活颇为艰难，有时还要靠打短工维持生计。1952年，张充和在加州租房子就遇到了问题，"记得我在伯克利（十年前）租屋时，都不太容易。买屋只是限定地点(这是违反宪法,但地产公司暗中作祟,不明言你是东方人,就是不卖),若是在高贵处有了东方人或黑人,屋子马上落价"(1962年10月6日张充和致张宗和的信)。

因着傅汉思父亲在斯坦福大学任教,张充和与傅汉思前去借住过一段时间,直到后来两人进入加州大学工作,他们才借债买了自己的房子。但傅汉思并非全职,而张充和经人介绍在该校图书馆工作则属于全职。

终于结束了居无定所的日子,为此张充和分外感谢在此的一位外国学者奥斯基先生:

> 我今年也开始记日记,不知可能长久。为了纪念一个老朋友奥斯基先生。我初到美国来第二天即在赵元任家见到他们夫妇。那时他已六十了。以后我们生活非常困苦,找不到工作,他总是帮忙,至少是对我们有认识,不比另外人见到你穷时是一个样子。不久他开始向我学中文,学了四年,别无成就,只是印了一本薄薄的诗集,有四言五言,有骚体,比老苏的强多了。另有一种风格,像佛经体,当然是洋味,但也有纯中国味的。改诗时却也吵了不少架,但并不伤朋友感情。去年十二月,他突然心脏病一二日即逝去了。他大约也近八十岁

张充和为奥斯基题签的
《练习曲》封面。

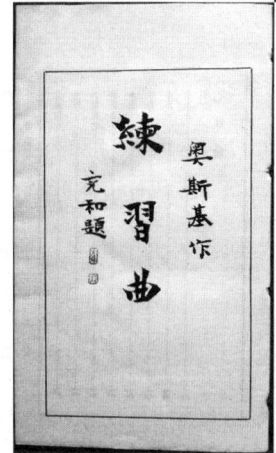

张充和为奥斯基题签的
《练习曲》。

了。著作等身，用意德法等写法[1]，（写作当时）被希特勒逐走，后又被墨索里尼逐走。在加拿大因董事会要他宣誓不参加左派，他因不签，又被辞退。他除了写艺术科学同时最成功的是马可·波罗的研究，也是世界的权威。（9日）（1962年1月11日张充和致张宗和的信）

这位意大利的汉学先生奥斯基（Leonardo Olschki），喜欢写作中国古诗，颇受张充和的称道，还拿他的诗与在台湾的一位老教师的诗相比较。奥斯基与在加州大学任教的赵元任、陈世骧都是好友，赵元任夫人杨步伟曾在《杂记赵家》多有提及："我们在德国住了两星期……有一位意大利朋友Olschki的太太的妹妹是Noack太太，知道我们到了，常来看我们。"由此推测奥斯基的太太可能是德国人，与张充和丈夫傅汉思为"同乡"。而张充和初到美国，交往朋友也很谨慎，"若算我也是中国人，至少是念念不忘祖国的中国人。汉斯亦是爱护中国的，他的名字由汉斯改到汉思亦是此意。我们在这里来往的人亦极当心，只是纯学者纯文艺的人才来往，至于演戏，我亦是再三慎重。"（1961年11月10日张充和致张宗和的信）

---

[1] 即用三国语言写作。

张充和的大弟张宗和接信后回复:"奥斯基先生听你说来是个好人,有骨气,有学识,值得纪念。"应该说是奥斯基为人的热情、真诚以及其学识渊博打动了张充和,因而教他中国诗词多年,并在他去世之际开始记日记纪念。

就在陈世骧去世后,陈的朋友也忆起这位"意大利诗翁",说奥斯基"地位与年岁与魏(乐克)翁相若,和世骧也是'忘年交'"。(见《中国文学的抒情传统》,陈世骧著,生活·读书·新知三联书店2015年1月。)

因此,奥斯基出版线装本汉语古诗集《练习曲》,陈世骧作序,张充和题签,可谓相得益彰。

而张充和初到加州与陈世骧的一次合作,即为陈世骧的英译陆机《文赋》书写中文,中国书法之美,映照精彩译文,可谓合璧之美。听说这一版本《文赋》即将在国内出版,我虽然已经收得早期版本,仍然期待能有新的版本呈现。同时期待奥斯基的《练习曲》能够全文呈现,诚如徐文堪先生所言:"奥斯基近六十年前出版的专著,国内似乎尚无人征引和评论,颇为遗憾。"

值得一提的是,奥斯基特别在陈世骧序言之后作:"给我的中国朋友们。"并作"三字经":"请朋友,无讥笑。口虽吃,心实觉。"

薄英的《桃花鱼》

在所有关于张充和的出版物中,以薄英出版的《桃花鱼》为最著;先前一直只在网上和其他书中看过书影,对其实物总心有念念。

有一次在北京遇到沈从文长子沈龙朱先生,我提及《桃花鱼》一书。他说本来说好的,张家"和"字辈一家一本,但是好像只有几家拿到了,他们家没有拿到。他让我帮忙问问苏州的五舅妈还有没有了,希望能收藏一本。这种收藏当然是出于亲情考虑,对四姨的感情,也是因为实在喜欢,对四姨书法的喜欢。犹记得去龙朱先生家里时,曾受邀去他书房,先生热情而慷慨,向我展示张充和书写的《题凤凰沈从文墓》。

很遗憾的是,九如巷张家只有一本《桃花鱼》,除此之外似乎只有张定和因为身在美国,"近水楼台"得了一本,且珍本之上还有张充和的签名和题跋。我曾见过张充和在张定和《桃花鱼》本上的题跋:"定弟知我有'随地吐×'之性,故为我收集诗词,不仅少作,甚至童作。汉思即在其中选出十八首译成英文,由螃蟹印刷所薄英君,为余书法弟子,专印少量善本书,自印,自装,并镌书名,成书甚慢,拟共印百四十册,此为第八册。"

从中可知,张充和的《桃花鱼》一书中的大部分诗词来自于张定和的有心收集,因此张充和把排号靠前的善本赠给这位弟弟也是理所当然。当然,薄英之所以做这本书也是因为感念师恩。

1994年我开始跟着张充和学习书法。有一天我问她,她是怎样欣赏书法的。她说道:"我把书法视作舞蹈,经过一点训练你就能看懂毛笔是如何起舞的。"说着,她写下了一个"小"字,在写两点时,特地夸张了毛笔笔尖跳动连接的动作。然后她出示了自己的一件小楷作品——一首姜夔词。她拿起一支干的毛笔,我们一起想象和重构书写那件作品时毛笔起舞的过程。她要求极严,会不断敲打纠正我的肩膀说:"必须从这里施力。"我明白了写书法和身体姿势密切相关。所以要问怎样从书法角度理解风景的话,我想方法之一就是我们通过自己亲身感受风景来了解。(《流动——薄英的艺术世界》)

读薄英的书可以发现,他是通过华人书法教授朱继荣的介绍认识了张充和,从此潜心随张充和学习书法。在与张充和的长期相处之中,薄英表示受益匪浅:"每一次,她都给我很多启发。记得一天,我向她讲述自己关于艺术的思考和疑虑,她回答道:'这个嘛,我也许不应该这么说的,但是我认为艺术史研究中的事情很大程度上和真正的艺术作品本身并无多大关联,更别提它对于生活的影响了。不过我很高兴你乐于如实感知生活和创作,如果你选择当艺术家,我相信你会成功。'"后来,薄英就离开了求学多年的耶鲁大学,开始了他真正的艺术之旅。

再后来,薄英创办了自己的出版社——蟹羽出版社,致力于书籍设计,在他所出版的少量书籍中,以张充和

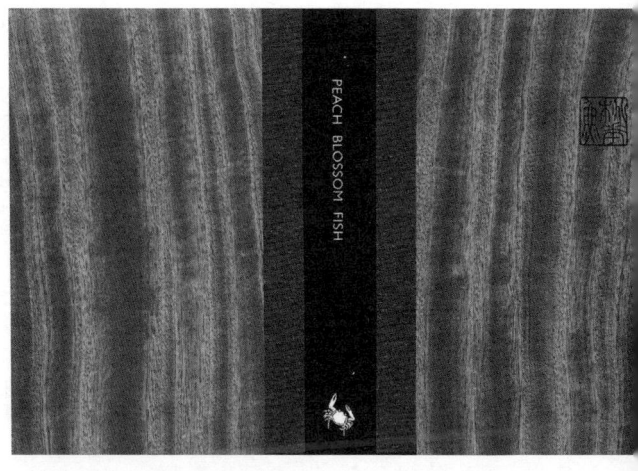

薄英为张充和制作的《桃花鱼》封面。

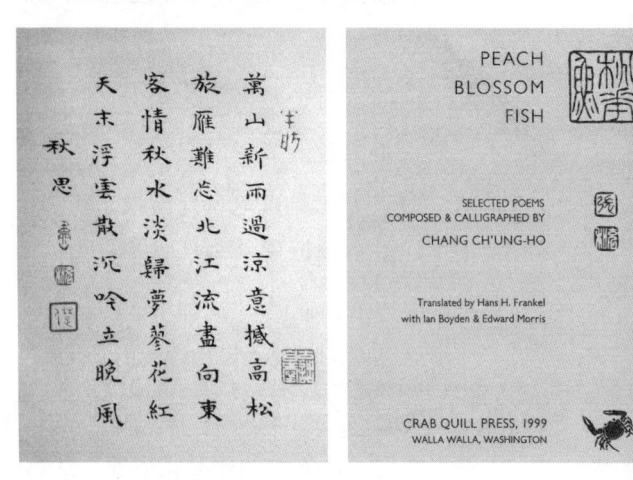

嵩山新雨過涼意撼高松
旅雁難忘北江流盡向東
客情秋水淡歸夢蓼花紅
天末浮雲散沉吟立晚風
秋思

PEACH
BLOSSOM
FISH

SELECTED POEMS
COMPOSED & CALLIGRAPHED BY
CHANG CH'UNG-HO

Translated by Hans H. Frankel
with Ian Boyden & Edward Morris

CRAB QUILL PRESS, 1999
WALLA WALLA, WASHINGTON

薄英为张充和制作的《桃花鱼》页面。

的《桃花鱼》最为知名，成为爱书人和收藏界的宠儿。孔夫子网上一度标价高达19万元一本。

当有一天在苏州九如巷张家看到这本书的实物时，我不禁为之心动。首先是仪式感，这本书放在那里，就像是在展示一种仪式，显出一本书自有的尊严。木版设计古色古香，镌刻的书名更是古意十足，完全想象不到是一位青年"老外"的手笔。

根据薄英的介绍，《桃花鱼》的封面和封底为三种不同的木料，分别为印度紫檀、阿拉斯加雪杉和非洲沙比利木。我想我看到的应该是印度紫檀，颜色深沉而庄重，纹理密致而神秘。薄英说，他之所以要选择这三种来自不同地区的木材，是因为这些木材的特点与张充和的艺术气质很是契合。书中内文为张充和用小楷誊抄的个人诗词。为求更加原真地表现出张充和书法的韵味，薄英选用了一家德国老牌艺术纸张制造商出产的安格尔米白色重磅毛边纸，他说："这种纸能传达出宣纸的感觉。"

薄英曾得见张充和收藏的明清徽墨，当然更懂得宣纸与书法的关系。应该说，薄英是把这本书，或者这140本善本当作一件完整的作品完成的。从第一本《桃花鱼》面世，到最后一本装订完成，他整整用了三年时间。

正是因为接触了张充和，薄英的艺术之路更加往中国的古代迈进一大步。薄英曾说："我觉得我上辈子是苏州人。"他个人非常喜欢沈周的《夜坐图》，这幅图的意境曾给他的创作带来很多的灵感。薄英说："在我为人生做出重大决定的时候，沈周与张充和给了我很重要的启示。他们都是苏州人，所以我觉得，我与苏州的缘分好像是冥冥中注定的一样。"

薄英曾在中国开启过四次寻碑之旅，每一次的出发点都是苏州。

总觉得薄英与张充和有着相同的特质，他们的性格都是浪漫而散淡的，一旦牵涉到艺术，却又是无比的严谨和用心。

无论如何，在目前涉及张充和的所有出版物中，薄英制作的《桃花鱼》已经成为一个标杆，它使得人们更加相信，人与书的气质可以如此接近，如此相像。

第二辑 旧卷探幽

过云楼主人"淘宝"琉璃厂

2012年,江南藏书画楼"过云楼"一套宋版古籍《锦绣万花谷》以高达2.162亿元竞价成交,创造了中国古籍善本拍卖价格的最高纪录。在此之前,该收藏楼的王蒙、唐寅、仇英等书画作品都曾"走俏"拍卖场,而楼主收藏的名人书画、古代文物更多地被捐给了国家的博物馆,其中大部分藏在上海博物馆、南京博物院、苏州博物馆等地。

2015年5月18日,这座传承四代人的收藏楼旧地修复成"过云楼陈列馆"向社会开放。从同治年到新中国成立,一代代楼主历经坎坷保护着大批的书画、文物,

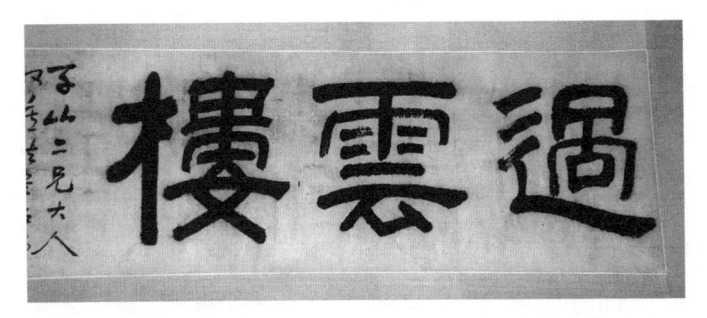

冯桂芬为过云楼题写书法。

其中大部分精品则来自于第一代楼主顾文彬的收藏。

同治九年（1870年），顾文彬进京投供谋职，在不到一年的时间里，他买进了大量的名人书画和古玩、玉器等，成为日后过云楼重要的藏品，在此期间，他还卖出了一些家藏作品，作为投供期间的用费。从他的书信（手稿）和日记中可见一些细节记录。

二十年后重返旧地，买进也卖出

顾文彬的父亲顾大澜虽为商人，但钟情收藏，顾文彬耳濡目染，成年前后即参与书画收藏。到他科考中榜进入仕途后，仍不改初衷，广为搜罗，买进卖出，并最终于同治晚期与三子顾承联手建造了过云楼及私家园林怡园（后续建筑），藏品称甲江南。父子还联手编著了《过云楼书画集记》《过云楼帖》等，成为近代私家收藏的一个传奇。

顾文彬为道光二十一年（1841年）进士，授刑部主事。咸丰四年（1854年），擢福建司郎中。咸丰六年（1856年），补湖北汉阳知府，又擢武昌盐法道。咸丰十年（1860年），顾大澜去世，顾文彬回乡丁忧，其间适逢太平军起，他先在苏州后至上海，一待就是数年，其间颇受李鸿章的赏识。太平军被剿后，失去了亲人的顾文彬回到苏州，继续收拾收藏旧爱，广纳博取，收获颇丰。他后于同治九年离开苏州，前往京城投供，即呈上简历，等待相应的官位空缺。

从三月初登舟离家，其间历经舟车颠簸，顾文彬于三月二十八日到达京城，居女婿朱研生所在的西河沿公馆，顾文彬信称："所住之西边楼下两间，即昔年研生入赘新房，相隔二十年迭为宾主，亦是奇缘。此房前有楼榭，后有树石、亭子，墙外厂窖，古木郁葱，昔年旧房此来重住颇惬于怀，惟念及汝母与蟾仲夫妇未免又生伤感。到京各处下人赏犒所费不少，合之轮船搭费九十两所带银项已耗其半。……昨日到琉璃厂博古斋，旧识之李老三尚在，此公看字画眼光颇好，搜罗亦广，略看数件，颇有佳品，内有石谷临山樵长卷，索价要二十金，方方壶小立轴索价四十金，据此可见京中字画之贵，我所带之物将来或可希冀得价也。"

此时的顾文彬已年届六十，打小即浸润书画艺术，并努力自学、精研，让他在这一领域已经具有一定的话语权了。从给三子的信中也可见其自信。

到京已半月，……我闲暇无事往琉璃厂闲逛，可与谈者旧识惟博古斋李老三、松筠庵心泉和尚，新交有松竹斋之张仰山，此人颇明于金石向与沈韵初交好。因忆二十年前蟾仲随侍，此时孤寂无聊，不胜伤感。所带书画已令李老三评价，与汝所拟之价不无出入，而总数不相上下，京中所重亦是四王恽吴与沈文唐仇，我所带之物甚合销路。至于眼光，虽李老三已算巨擘，然不如我与汝远甚，见石谷两册深信为真，其易欺可见……箱中物拣去八件，如可成交，约可得三百金。据此看来，此

过云楼者余收藏书画之所也蓄意欲搆此楼十餘年矣尘事牵率牵~未果乙亥夏余移疾归里楼適落成乃集

一枝粗稳三径初成

商略遗编且题醉墨

辛幼安词句题之时方有书画录之辑故次联云爾

艮盦顾文彬识并书

过云楼创始人顾文彬书法。

种生意尚可做得。我在京候选,川费不轻,兼做贩书画客,不无小补。……

顾文彬等待补缺期间,闲暇常逛琉璃厂,二十年过去,经营人员仍有旧识,可见当时琉璃厂生意之稳固,顾文彬一进京就摸清了买卖行情,明四家、清六家为书画交易主流。在经济不敷之时,顾文彬既要补充家中收藏之缺买进,还要以销售"次品"补充经费,当时委托博古斋李老三代销一箱子书画,并托德宝斋售去王翚、恽寿平扇面十二个,得金百金,买卖兼作,可谓"以藏养藏"。

遍逛名号,攒人缘拼运气

顾文彬以独到的眼力和综合素养,练就了鉴宝的能力,同时注意结交业内人士,让他在琉璃厂不断赢得惊喜,捡大漏后的狂喜也可见于书信中。

以《释智永真草千字文》卷为例,从同治九年五月初,顾文彬就发现了这一罕见至宝,"暇时仍以游厂为消遣,然天气渐炎亦不能常去,所见书画颇有铭心之品,而眼馋手窘止可割爱。……心泉和尚藏有智永千文，墨迹纸本，卷后有思翁两长跋，另有王孟端山水卷，长三丈皆罕见之物，欲蓄意图之"。但当时官职尚无眉目，且居京中耗费颇大，他说"所带川资行将告罄，而研生处尚未送与贴膳，若久待下去为之奈何"。因此面对至宝，也只能兴叹。

后来，顾文彬以三十金将王孟端山水卷买下，又再次见到宋拓《定武兰亭》卷，笪江上藏本，"稀世物也，索价百金，急携之归，志在必得"。同年五月底，顾文彬终于以一百五十金买下了《千字文》卷，但没过两天，他又将此卷还给了心泉和尚，认为"无从张罗价值也"。其间两人曾一起切磋藏事，相互赏识藏品，买货退货也就不是问题了。

富有戏剧性的是，在上任宁绍台道官职后，也就是同治十年四月份，顾文彬再次买下心泉和尚的释智永《千字文》卷，并在日记中录："《千文卷》温云心所藏，后归心泉和尚，京中不乏赏鉴家，欲得此卷者亦不少，皆因议价未成，余去年入都候简，一见诧为奇宝，议价一百五十金。嗣以客囊窘涩，舍之而出，中心耿耿，未尝一日忘。遂于履任后即致书研生，仍照原议之价购之。

发函展赏，焕若神明……假使余出京后，此卷竟属他人，悔将何及，既自幸又自愧也。"

后来顾文彬还多次为此卷题跋，详解其历史和书法艺术价值。再后来，他将历年珍藏书画精选出二百五十件，编著成《过云楼书画记》十卷，开篇即释智永《千字文》："同治庚午，候简入都，暇辄过松筠庵与僧心泉潭，谓曰欲见墨林环宝乎？则《永师千文》也，真草相间，凡百六十行，行十二字……狂喜，倾囊购归。"后此卷还被刻入《过云楼集帖》里刊发。

在京等待起复期间，思乡、困惑又颇受经济困扰的顾文彬常去琉璃厂，以此排解郁结。大半年的时间里，他逛了博古斋、德宝斋、松竹斋、论古斋、润鉴斋、涵雅斋、筠青阁、松茂斋、隶古斋等名号，同时力求遍访藏家，以求多多纳宝。如心泉和尚即京城文僧，松筠庵不但藏品丰富，还交往了不少书画名家和鉴赏人士，顾文彬与之交往时发现心泉和尚为境遇所困，藏品大半散去，谓此后松筠庵藏品要艰涩矣，而他本人则从中收获颇丰。

顾文彬在京购买并寄回苏州的书画中，有一件神品即北宋拓《定武兰亭》卷，此卷现藏故宫博物院，顾文彬当时以四十金即收得，当时在京居高位的翁同龢还赶来观宝，顾文彬致信三子说："有北宋人观款，其为北宋拓无疑，旧为笪江上藏，后以二百金归于高江村，其价值注明卷末，及今又逾二百年，反以贱值得之，岂非奇缘？"

此外堪称上品的还有恽南田题《王石谷十万图册》《恽南田仿子久水墨山水卷》《黄公望水墨山水轴》《倪云林水墨山水轴》《唐六如墨石菖蒲轴》《吴文中辋川图卷》《傅青主草书唐诗卷》等，洋洋大观，令人叹为观止。有趣的是，有些作品卖主是以赝品买的，价格可想而知。当然，顾文彬也会买到赝本或次品，如以二十金买得黄公望的画轴，后证为伪作。百密难免一疏，对此，顾文彬往往一笑了之，权当自娱。

五花八门，既买古玩又开眼界

在逛琉璃厂期间，顾文彬除了广收书画外，还收了大量的古玩杂项，如古钱币、玉器、印章、瓷器等。

进京不到一个月，顾文彬就在琉璃厂德宝斋收到至宝"汉玉琴钩"，他高兴地致信三子，说此钩与昔年得张顾文彬著《过云楼笔记》。

柳亭汉玉钩制造出于一手，"色泽、分寸若合符节，惟下半钩所镂琴轸一凹一凸，似分阴阳，当时必是一对。千百年后，散而复合，洵奇缘也"。此物"六十金"，当时没钱，顾文彬取物欠账，三天后才把钱还上，后来又委托店里帮忙镶嵌加工并订制装潢匣。半个月后，顾文彬仍对捡得至宝自喜，在腹泻三次、精神倦怠之时，仍卧床作长篇赋《汉双玉钩歌》，其中有句："双龙本是雌雄匹，出土何年忽相失。从此遥遥各一方，一在江南一冀北。……久离复合倍缠绵，人多如斯物亦然。"后来此物在顾家传承四代人而不衰。

后经披露，此汉玉为藏家景剑泉之物，顾文彬当时购买了不少景剑泉托售之杂项，如汉玉、束发圈。此外，顾文彬逛遍厂肆，所购古玩五花八门、琳琅满目，如在松茂斋以四十钱买铜象棋、红木烟盘；以六十钱在英古斋买旧玉牛小件；在德宝斋以五金买汉玉小羊、吹大龙、斜角佩一件，并购买宋纸明宣；因为与博古斋一张宋纸失之交臂，顾文彬后悔不已。

在寄回苏州的清单中，汉玉器、古钱币、秦汉印等各种器物花去了顾文彬一百多两银子，盘点时，顾文彬也自觉这些东西买了之后可能会吃亏上当，但不买心有不甘,并且以后并无机会再见了,为此仍觉坦然。

除购买外,顾文彬更多的是开眼界。由于囊中羞涩,他曾放弃了很多看上的书画、杂项,但通过浏览实物毕竟开阔了视野,也了解了其中的规律、常识,即使是看伪作,顾文彬也觉得饶有趣味。如在琉璃厂见到南宋四家之一刘松年的伪作《青楼事实》四本:"虽非真迹,而画境颇不落恒溪,从买女子入青楼,以后教其歌舞侑觞,用种种非刑毒楚,或被坐客殴辱,或被官役锁获,或伴老翁及残疾之人卧宿。最奇者,一醉客踞其体而吐,其女双手掩面承受,旁一姬掩鼻立睨。后幅医生诊病,末幅一女尸僵卧空中,现大士像,女鬼作跪求状。四本约有百幅,足令妖姬悲泣,荡子惊心,虽游戏之笔,可作地狱变相观也。"

同治九年闰十月二十日,顾文彬终于等来了一个大喜讯,上谕下,让他补授浙江宁绍台道,且管海关,可谓"肥缺"。琉璃厂岁月伴顾文彬走过了孤独等待起复的日子,也为他以后收藏攒足了眼力,并为整理和丰富过云楼藏品积累了宝贵经验。在财力大丰之后,顾文彬更是加紧扩大收藏范围,由此才成就了一个私家收藏的风雅传奇。

过云楼古泉拓本小记

提到过云楼人们总会提起创立人顾文彬，其实很有必要说说顾文彬第三子顾承。顾承不只是亲自参与了过云楼的集藏，他最大的贡献还在于主持过云楼的建造以及怡园的营造。只是这位并不长寿的顾家传人真正的爱好却很少为人所知，他喜欢古钱币收藏，为此才有了我们今日有幸得见的《画馀盦古泉拓本》（续编）一书。

粗读顾文彬和顾承的书信可知，两人曾为着收藏古钱币的事有过分歧。顾文彬早期收集藏品时可谓是爱好广泛，书画之外还有瓷器、玉器、木器、古籍、古泉等等，早年他在京城琉璃厂"淘宝"时几乎是无所不收，对于三子顾承喜欢的古钱币也用心搜罗购买了不少。同治十二年（1873年）九月，顾承从苏州到浙江宁波，顾文彬带着他去上虞召见地方官员时，还顺带收购了四十五枚顾承最爱的古钱币，父子满意而归。

但是当顾文彬决计对家藏进行编辑造册或复刻出版时，顾文彬曾一度要求顾承停止对古钱币拓片的单独成书，"现在刻石、刻书、造屋诸事猬集，何暇再及钱谱，似宜从缓。况此等物更无他人要想也"。只是后来顾文彬还是改变了主意。

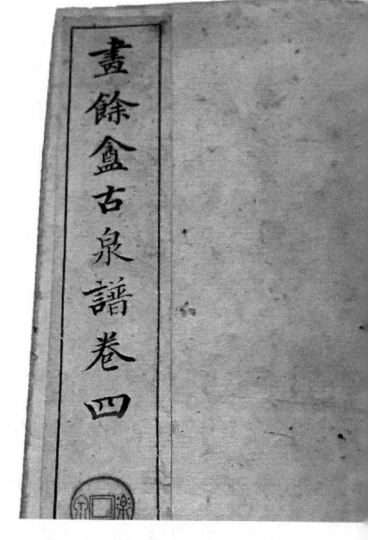

顾承作《画馀盦古泉谱》封面。

对于顾承要以"画馀盦"单独出版，顾文彬还曾有过建议："过云楼志在必传，所藏书画、金石、图籍、古玩悉以归之，不必别立明目。兹见古泉拓本有《画馀盦》名目，必应重刻过云楼古泉拓本以归画一。马泉已成大观，然设使续有精者来，仍应不惜价值收之，并托人广为搜罗，以冀多多益善。所谓泰山不让土壤，故能成其高；湖海不择细流，故能就其深也。在京时曾见崇祯四马泉一枚,铸造甚精,虽非与古马泉一类,遇有此等泉亦可收入也。"由此可知,顾文彬深知顾承对于古泉集藏的痴迷,最终还是鼓励他继续完善下去,并请人在他的马泉拓本上题咏,"我已将自题长歌录就一纸,欲与马泉拓本裱成两册,遍征同人题咏耳"。

"马泉"是一种用于游戏的铜币,不能流通。据说宋代词人李清照很喜欢玩这种游戏,还曾出过《打马图经》一书。打马泉源于宋代,到晚清时还有人玩。后来人们所收藏的此类古泉多为宋元之物。而宋代铸造技术成熟,铜质精良,使得这种马泉看起来都很精致,完全就是一种艺术品。从顾承古泉谱里可以看到这些马泉形态各异、肥瘦不一,而且品种也是各有差异,泉上并有文字解说,如"骅骝之马","骅骝"多指赤红色的骏马,传说是周穆王的"八骏"之一。又有"赤翼""华留""流星""背日""千里之马"等。还有古代将领的名称,如"齐将田单""梁将张彝""燕将乐毅""唐将尉迟""赵将李牧""汉将卫青""蜀将马超"等,且各将领马匹不同,各持兵器和战斗姿势也不同,可谓形象之至。

由于李清照喜欢打马泉游戏,甚至还撰写文章推而广之,称此游戏为"实博弈之上流,乃闺中之雅戏"。当然，李清照喜欢打马泉并非仅止于游戏娱乐，其中更是寄托着她的一腔热血和家仇国恨，她的《打马赋》即有此种色彩："木兰横戈好女子，老矣不复志千里。但愿相将过淮水……"

看过一个史料称，马泉上的骏马几乎涵盖了我国历史上所有的名马，因此这种看似游戏的玩具，实际上也是一种别样的史证和史料。更可以看出收藏此种古泉者对历史故物的热心，甚至可以说对那种久违的烈烈雄心的追慕和怀想。由此我不禁想到，身处仕外的顾承是否也具有同样的雄心？

顾承在书画鉴定方面大为精准，就连顾文彬都很"服"他："汝自言看书画眼光如电，一闪便知真伪，此即金兰坡之说，凡事皆以初念为明，一涉转念便有迁就回护，书画其一端也。"顾承对书画的精准必会影响到他对古泉收藏和鉴定的成就，因此他的古泉拓本更是富有价值。

顾承，字乐泉，号骏叔。单是从其字可知顾承与古泉的收藏颇有天缘。而逐渐达到一定规模和形成系统则是在太平天国之后，过云楼收藏一脉，无论如何不该少了这个重要的门类。只是历经时变，顾承的古钱币实物

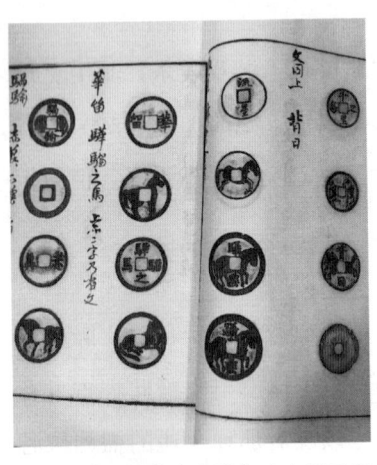

顾承作《画馀盦古泉谱》内文打马泉图样。

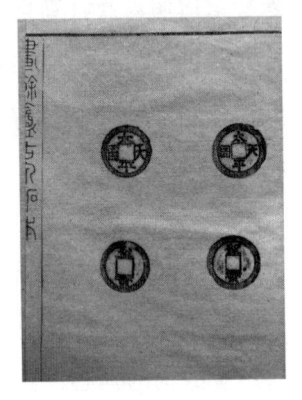

顾承作《画馀盦古泉谱》内文太平天国钱币。

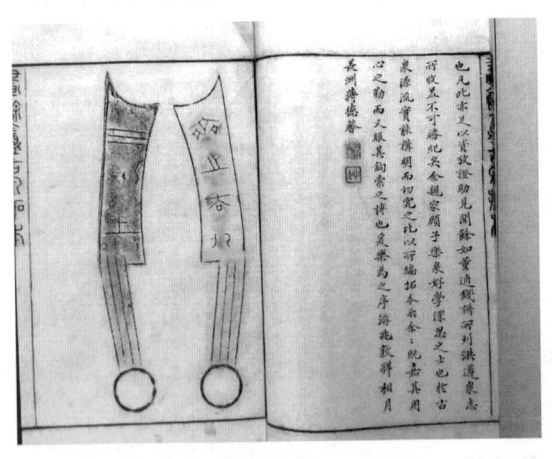

吴中名家蒋馨德为《画馀盦古泉谱》作序。

大多已经散佚，依稀记得在顾公雄一脉的捐赠清单上曾看到过少量古钱币的名称，只是未见原物影像。真得感谢顾承当时执意坚持对古泉一一拓影并结集成册，如今看来，尤为珍贵。

这部古泉拓本的全本曾在苏州图书馆古籍部见过，可谓制作精良，一见即喜。苏州图书馆古籍部所藏两部拓本，其中一部为绿格笺纸本，各有六卷，"蓝格印本"应该是刻印在前，都有木夹护板，书内有名人题跋和古泉解说，如今已成善本，堪称珍贵。

我手头上这部"续编"手拓原稿本只有古泉拓片，没有解说词，但形制与样式与之无异。除此之外，我这部书里的蒋德馨三篇序言，图书馆两部皆无，倒可以作为一种小小的补充。蒋德馨在序中称顾承为"亲家"，想必是顾家女儿所嫁之家，或是顾家所娶媳之家，两者都可知也是苏州名家。

在冯桂芬的著作《梦奈诗稿》里，也有蒋德馨的序言。

根据江澄波先生提供的蒋德馨的资料："字心芗，清长洲人，道光十五年（1835年）进士，授工部主事，去官归里，泛览群书，手不释卷，晚岁久主正谊书院，卒年八十四岁，著有《且园杂体文存》。"

苏州图书馆古籍部沈黎女士也提供蒋德馨的资料：字心香，原名德福，号且园居士，曾为顾文彬《眉绿楼词》作序。

在清末时期苏州的慈善事业中可见到有关蒋德馨的记录，说光绪十三年（1887年）蒋德馨与顾文彬、吴大根、程肇清、潘祖谦等地方绅士力荐浙江候补知府沈宝恒接任为男普济堂董事，后得官方答应。可见蒋德馨与顾家颇有世交渊源。

蒋德馨在其中一篇序中还提及，"余亲家顾子乐泉，好学深思之士也。于古泉源流实能讲明，而切究之。比以所编拓本示余，余既嘉其用心之勤，而又服其钩索之博也。爰乐为之序，游兆敦祥相月"。从序中可知，蒋德馨对于亲家顾承痴迷于古泉收藏且用心研究，颇有感触，当然会用心作序。序中还引用顾家世交大学者俞樾的言论，证实古泉在史料方面的价值。

俞樾与顾承的父亲顾文彬颇有交往，并受邀为顾家怡园作题记。俞樾为顾承的古泉拓本也作过序言，序中不乏赞言。不过使我印象深刻的是，俞樾对于顾承一幅画像的记录：顾晋叔承，乃子山观察之子，行年四十有九，绘《自讼图》，图中坐者立者各一人，若官与吏然；跪者一人，若对簿然。三人实即一人，皆自肖其像也。余率题二绝句云："当蘧伯玉知非岁，筑赵王孙自讼斋。此后可知定无讼，讼庭都被落花埋。""我我周旋总不真，陶公赠答影形神。更从有相归无相，便是如来三种身。"

顾承好奇，向俞樾请教"自讼斋"的出处，俞樾说出自《宋史》，此人为皇室宗亲，只是名字难写，此人名叫赵不愚，说就连《康熙字典》都写着"音未详"。

有人曾从俞樾记录顾承《自讼图》中引申到现代照相术，可见顾承在艺术创作时的不拘一格，只是在这幅图创作的次年，顾承就病逝了。俞樾的挽联依然记录着这幅图的故事：

顾晋叔待诏挽联：

晋叔为子山观察子，喜翰墨、澹荣利，亦一佳子弟也。去年曾绘《自讼图》，图中三人：一官一吏一讼者，实即一人，皆自貌其容也。余为载入《春在堂随笔》。今年秋以微疾卒，年五十矣。

借自讼意以成图，化一我幻影成三，知达者久存南郭忘形见；

到知命年而出世，叹老父衰龄望八，与走也同作西河抱痛人。

可见俞樾对于顾承的去世很是悲痛，对于友好顾文彬白发人送黑发人更是深表同情。

在周作人的《春在堂杂文》中可见俞樾曾为顾承作序的记录：

曲园先生著作未有专篇论文学者，仅散见于《杂文》中，序类中为最多，虽只是散金片羽，而言简意赅，往往与现代意见相合，实盖为之先导，此则甚可贵也。

《杂文》续编卷二有文数篇，皆关于金石文字者，如《慕陶轩古砖图录序》《问礼盦彝器图序》《两罍轩彝器图释序》《画馀盦古钱拓本序》《百砖砚斋砚谱序》，文章议论均可喜。《古砖图录序》有云：

"余经生也，欲通经训必先明小学，而欲明小学则岂独商周之钟鼎？秦汉之碑碣，足资考证而已，虽砖文亦皆有取焉。"此数语可以包括诸文大意，简单的文句里实具有博大的精神。中国学者向来多病在拘泥,治文字者以《说文解字》为圣经,钟鼎碑碣悉不足取,砖瓦自更不必论矣。太炎先生曾谓古代日用食器且少见,独多钟鼎,大是可疑,龟甲兽骨则是今人伪作,更不可信。曲园先生乃独能有此创见,如在金石学家本亦无奇,以经师而为此言,可谓首开风气者矣。

后来我在苏州图书馆古籍部保存的《画馀盦古泉拓本》"蓝格本"中看到了俞樾为此书作的长序,其中提及"顾子骏叔为吴门佳士,癖嗜金石收藏,古泉几及千数。自上古以及元明,无所不有,而安南、高丽诸外国之前亦附列焉,年号无考者别为一册。其中《钱鉴》一种尤为著录者所罕。及物聚所好,其信然乎。偶出拓本见示,因为书数语于其上,俾世之好古者知求吉金于三代下莫重于此,勿以锥刃之末而小之也"。作序落款是"同治十三年中秋日",由此可知,这部拓本在此时已经付型。由俞樾之论可说顾承所藏古泉足可补充史料,同时更是顾承倾心于古泉收藏文化的见证以及执着于个人意趣的佐证。

两部古泉拓本中的释文均由金嘉采诠释,金嘉采还在书中介绍:"吾友顾君骏叔承艮庵先生之议论,博雅好古，工于山水，兼善草隶。家富古人法书名画，唐经、宋拓、瑶琴、宝鼎、商卣、周钟、汉玉、古研、宣炉、旧瓷。秦汉以来铜玉印章之属，每诹访于古董之家，证以前人谱录，赏真而鉴精，无百一之失。又泛览诸家说钱之书，今又收弆古泉刀布夥，而且备暇日摩挲，去其沓者，翠墨拓之，得若干品编成若干卷，属余颇采诸家，简练而贯通之，有未尽者亦下已意，略释如左。"看落款为"光绪五年春润三月上旬，金嘉采书于邻居之百药斋"。

顾承所建怡园"石听琴室"景观。

金邠居，字嘉采，号曹门，据说是一位和尚，也是一位金石鉴赏名家，其对古泉研究颇深，著有《泉志校误》四卷。应该说，顾承请他作释是再合适不过了。金嘉采与过云楼颇有渊源，这位和尚早期曾去日本游学，受邀为知恩院所藏诸多古经题跋，知恩院彻定高僧以唐朝《续华严经疏》相赠。此经卷为空海大师从长安带回日本。金嘉采带回此卷，后归过云楼所藏，顾文彬在《过云楼书画记》中专文提及，大为欣喜："书法之圆劲古厚，是为右军、大令血胤犹不与焉。然则是疏为我中国之瑰宝，沦入日本千余年矣，一旦来归，欢喜无量，讵能以残本少之哉！"

金邠居又自号"百药斋"，在《画馀盦古泉拓本》"蓝格本"中即有"药翁"的题诗，看字体与之无异。在顾家名琴"玉涧流泉"拓本中也有"金嘉采"的名字出现。可知金邠居与顾承来往颇多。

此书中并有"楞伽山民"的题诗："东西帝号蛮争触，叔侄君称爵共鹬，数百青泉何所用？与人买断四千年。"楞伽山民为姑苏画家顾大昌，同为顾氏后人，对于顾承的雅好当然也是赞叹不已。

顾承在此书编成几年后就骤然病逝了，更使我颇有所感。以金邠居书于光绪五年（1879年）的序为准的话，顾承去世时间为光绪八年（1882年）七月二十五日，也就是说书成三年后即离世了，而这三年也是顾承病情较为严重的时期，说此书是他最心爱作品也未尝不可。

如今看来，无论是为着古泉拓片本身，还是为着名家的诠释和题跋，这部古泉拓本的再版也是很有必要的，希望有一天它能出现在大众阅读的书柜上。顺便提及，在图书馆所藏善本上盖有顾承之孙顾公硕的印章，可知顾家后人一直都妥为珍藏。网上曾一度出现过拍卖《画馀盦古泉拓本》的空白笺纸，一共九张，蓝字蓝框，说是出自吴湖帆之家，我对照原书发现，是真品，看价格也不过百元一张，不算太贵，可惜错过了。

双"鹤"之美
—— 记顾鹤逸与冒鹤亭的友谊

顾麟士(1865—1930),字鹤逸,自号西津渔父,别署西津、鹤庐。元和(今江苏苏州)人。晚清收藏家顾文彬之孙。父顾廷烈精鉴赏、好玺印。顾鹤逸擅画山水,亦精鉴别,秉承先志,广事搜求,使"过云楼"所藏书画更为丰富。有《续过云楼书画记》详为述录。顾鹤逸所作山水多逸气,自成高格。

冒广生(1873—1959),字鹤亭,号疚斋,江苏如皋人。冒氏为如皋大族,书香门第,冒辟疆是他的祖辈。1889年他历县、州、院三试皆列第一;1894年被录取为举人；晚清担任刑部及农工部郎中，民国历任农商部全国经济调查会会长、江浙等地海关监督；抗战胜利后任中山大学教授、南京国史馆纂修；新中国成立后，被陈毅市长特聘为上海市文管会特约顾问。著作等身。

1. 怡园七子

光绪二十一年（1895年）四月，二十三岁的冒鹤亭兜兜转转一大圈子后，来到了山阴（绍兴），谒见外祖周季贶。闻外祖因牵涉复杂政事，有迁居苏州之计，颇赞成。次年正月，冒鹤亭在瑞安娶了夫人后，囊中羞涩，舟过苏州时，即入城找到了外祖的居所孔付司巷，依居下来，一住就是两年多。其间除了与外祖畅谈文史、典故，还去拜访了吴地方雅士，并去上海结识了梁启超。

这年（1896年）秋季，冒鹤亭结识了一位新朋友，他们的字中都有一个鹤字，即过云楼后人顾鹤逸。顾鹤逸比冒鹤亭大八岁，出身仕宦，祖父为宁绍台道顾文彬，家有藏书画名楼过云楼，并建造了私家园林怡园。园址最早为明代尚书吴宽宅院，后为顾文彬购得，着三子顾承（顾鹤逸之父）重资建造。秋日里的花园，枝繁叶茂，花团锦簇，水流潺潺，透彻的阳光打在园子里，一派清畅。顾鹤逸在此地招待冒鹤亭、吴昌硕、费屺怀、金心兰、王胜之等名士，相互诗歌唱酬，观赏园林清景。

对于怡园，冒鹤亭深有印象，他在《鹤庐记》中记："怡园广可十数亩，叠石为山，引泉为池，窅然而深，洞然而明。四时花树，交枝连格；都人士女，联袂而来，游者目不暇给，盖亭台之胜，在治城之中未有若斯园者。"

冒鹤亭先祖即冒辟疆，家中有水绘园，园以水贵，秀雅并兼，为江海平原之明珠。冒鹤亭对园林颇有兴趣，到苏州后曾拜晤壶园主人郑叔问，并赋诗，有句"日色不到处，苔气绿一尺。短桥卧流水，竟日无人迹"。后来曾回到故里如皋，将先祖故园买下重修，并仿冒辟疆《水绘庵填词图》，请顾鹤逸重绘。易顺鼎题金缕曲有句"身是如皋冒公子，重把荒园管领"。

光绪二十三年（1897年），伴随着长女在苏州的出生，冒鹤亭不时拜访宿儒名士俞樾、蒋玉梭等。闲暇时，冒鹤亭为黄夫人作词《虞美人》二首，配合《话荔图》，有十幅之多。画者多名士，其中就有顾鹤逸、金心兰、吴秋农、陆廉夫、倪墨耕、林琴南等，还有一位闺秀画家彭鹤俦。题词证者众多，有俞樾、曹君直、潘兰史等。

鶴廬記

士生蓬戶甕牖饘寒凍餒內無所樹立於世乃假泉石以寄其嘯傲此不足云逸也古之所謂逸民者謂其人可以無逸而逸焉者也辭顯而居晦舍貴而就賤此豈人情而尼民之中有君子人者常抱道自樂閒然深退彼誠有足乎已無待於世故能忘乎貴賤顯晦之迹而非有所託而逃也是以伯夷諸人足以三致意焉顧子鶴逸倜今世之逸民與顧於元和實右姓也鶴逸祖艮庵先生以名進士出官監司其家故有怡園廣可十數畝叠石為山引泉為池窅然而深洞然而明四時花樹交枝連格都人士女聯袂而來游者日不暇

冒鶴亭为顾鹤逸作《鹤庐记》。

其时，顾鹤逸家园正兴起怡园画社，吸引了一批已经成熟或正在成熟的诗书画文士，冒鹤亭加入其中，得以结识了诸多好友，如成为挚友的江标（建霞），两人多有唱酬，江还将私藏《冒巢民手书菊饮书卷》相赠，江标英年早逝，冒鹤亭在苏州泛舟山塘作《蝶恋花》痛悼亡友。

此时的冒鹤亭进京五试不售，后纳赀为刑部郎中，举家于京师，但时常往来苏州。这一年的冒鹤亭二十八岁，时近而立，日臻成熟，对于世事颇有明鉴洞察。他将更多的精力放在了与文友们的交流和提升中。这一年，他到苏州再拜俞樾，感谢俞樾为其《冒氏丛书》作序，作诗二首，有句："风月还吴会，文章属寓公。""心事麟成史，行藏雀在门。"

拜罢俞樾，又去寻金心兰为其补江标所赠之先祖手图，并作诗"书生可有封侯相，试问桥头日者来"。随后又请顾鹤逸绘制《水绘庵填词图》，冒鹤亭观图后，大为满意，诗云："冬至关河万木枯，太行西去路崎岖，诸君换我伤心泪，更写明皇幸蜀图。"冒鹤亭以为，顾鹤逸山水师法王麓台、王石谷，兼有诸家之法，此卷烟云满纸，周季贶则叹为"二百年无此者也"。题咏者众多，由此冒鹤亭又得以结识词人程子大。

在这期间，顾鹤逸特在怡园辟出一室，命名"鹤庐"，室内常有名家书画精品鉴赏会，乃为顾氏过云楼三代收藏上品，冒鹤亭曾得见杨补之梅花、柯九思竹子，赞为"真铭心绝品也"。顾鹤逸曾嘱冒鹤亭作《鹤庐记》，冒挥笔流畅，引经据典，洋洋洒洒："士生蓬户瓮牖、饥寒冻馁，内无所树立于己，外无所凭借于世，乃假泉石以寄其啸傲，此不足云逸也。古之所谓逸民者，谓其人可以无逸而逸焉者也，辞显而居晦，舍贵而就贱，此岂人情，而凡民之中有君子人者，常抱道自乐阒然深退。彼诚有足乎，已无待于世故能忘乎，贵贱显晦之迹，而非有所托而逃也。是以伯夷诸人，尼父三致意焉，顾子鹤逸倘今世之逸民，与顾于元和实右姓也，鹤逸祖父艮庵先生，以名进士出官监司，其家故有怡园。……余来吴门游顾氏之园屡矣，因得识吾鹤逸，而余友吴子昌硕又时时为余称道鹤逸不去口。鹤逸少时即有洒然之致，虽读书未尝就有司试，……其所作画，出入烟客、元照，世之真鉴赏者，未闻有间言也。既性喜鹤，因以鹤名其庐。陈眉公云'若使学道，故是黄鹤背上人者，舍鹤逸将谁属也'。抑天下多故，吴门甚嚣尘上，宵小伺伏，非辟人辟世之地，而扬州之鹤甲于天下。吾乡之东有吕四场

祁隽藻书写的"鹤庐"匾额曾悬挂在怡园。

者，相传吕喦四过其地，今所产鹤顶皆丹色，异于他处，又其民俭朴，其风俗淳美，无所争于世，而世亦多弃之，故宋以来未遭兵革，余外祖周先生目为世外仙源者也。招招舟子，人涉卬不，卬须我友。鹤逸其许我乎？其无许我也。顷为撰记，聊复书之，亦庶几招隐之意云尔。"

此时为光绪二十六年（1900年）的初夏，苏州正是出游的好时候。冒鹤亭为金心兰作《冷香馆记》，其缘由是顾鹤逸为金心兰绘了《冷香馆图》。金心兰善画梅，笔法精湛而独到，自号"冷香馆主人"，为怡园画社的主力，与顾鹤逸、吴昌硕、顾若波、胡三桥、倪墨耕、吴秋农等并称"怡园七子"。

冒鹤亭在《冷香馆记》中描述了一众文人的知己之交："冷香馆图者，顾子鹤逸为金山人作也。山人喜画梅，常枕宋杨补之四梅花卷，繁枝密蕊，见者以为神似不在形似也。其所居曰冷香馆，盖自大江以南，无不知有金冷香云。山人生咸同间，多识吴中老辈，若秦西脊，朱胥母，汪茶磨，世所称为'三山人'者，山人无不与之订交。余交山人最晚，而山人与余过从甚亲，江子建霞往以先巢民徵君《菊饮诗卷》赠余，山人见之欣然为余补图。比余将归如皋，山人又招同顾子鹤逸、吴子昌硕、曹子君直饯余虎丘，作《虎丘饯别图》，置报恩寺中。然山人非轻为人作画者，有富人子持金欲得山人画扇，山人不应，又何人为某公子乞画图，山人亦不应也。余既集姜石帚词，为山人题是图，山人复欲余记之。姚惜抱云'人与园囿有时变，而图可久存；图终亦必毁，而文字可以不泯'。惜乎余之非其人也！"

聚散终有日。冒鹤亭要离去的时候，顾鹤逸、金心兰、吴昌硕、曹君直等，及好友云间和尚，在虎丘为冒鹤亭送行，金心兰作《虎丘饯别图》作为纪念，冒鹤亭作《水龙吟》留别，实物暂置苏州报恩寺，由云间和尚保存。

诀别次年，金心兰曾致信冒鹤亭："弟心境不佳，自旧岁以来，病魔缠扰不休，无一月病，身体衰老异常。

六月间，子茹（吴昌硕）来苏，适值大病，几致不起。孟先生赐我洋函，在枕席之间，叩首道谢，感激万分，即将所赐为医药之费，病之转生，皆先生之赐也。至七月间，稍可行动，在近处吃茶，犹扶杖而行也。谁知中元节近，又经大风，两目皆暗，不能动笔，所以迟作复也。……苍石、鹤逸长道及先生飞扬得意，指日可见，嘱为预贺。"

金心兰与吴昌硕、陆廉夫、顾麟士、冒鹤亭皆为知己，金晚年多疾，眼睛几乎失明，故号"瞎牛"。金心兰早去，顾麟士为之操办后事，并安排其孙进顾家质库学徒。

2. 丹青流传《写经图》

光绪二十七年（1901年），二十九岁的冒鹤亭在京师，纳赀为刑部郎中，签分山陕西公务，但时常回归行走。这一年，好友吴董卿为冒鹤亭题写《顾鹤逸画册》十二首，应该是顾鹤逸赠送给冒鹤亭的山水图卷。次年，冒鹤亭回到如皋，为母亲祝贺五十大寿，曹君直作诗、金心兰作《采芝图》，顾鹤逸送上了自作的山水巨幅。其后,冒鹤亭一有机会即到苏州,与顾鹤逸等人相聚,有一次顾鹤逸送友人画,冒也会欣然题跋,如《溪堂谶别图》。如果在外面见到昔日雅集的好友,冒鹤亭一定会热切地打听顾鹤逸等友人的消息。1910年9月,他在上海南市一次艺术展上遇到了倪墨耕、陆廉夫,即询问顾鹤逸、金心兰等人的消息。当时金心兰已经病故(根据其墓志铭,去世日期为宣统元年[1909年]冬),顾鹤逸出钱为他处理了后事。忆昔曾资助和鼓励金心兰安心养病场景,冒鹤亭心中一定感慨万千。

从宣统三年(1911年)起,冒鹤亭入京以道府记名,多与京师名流往来,如陈宝琛、郑孝胥、陈衍、林琴南、温肃等,并结诗社组织雅集,与苏州顾鹤逸等人多年未有交际记录。直到1927年9月,已是年过半百的冒鹤亭避兵上海,与苏州顾鹤逸有了交集。顾鹤逸为之绘《写经图》,并题跋:"如皋冒鹤亭兄曩在京师厂肆,见康熙壬申海宁俞培为查声山先生画写经图,题者二十余家,皆并时闻人,时声山方居忧也。议值已谐,置斋头月余,既念有母在,嫌其不祥,舍之。迨辛酉之冬,吾伯母周太夫人弃养,下兆既竟,追忆前卷,驰书京师求之,已归南海谭氏。鹤亭每晤必怅然及之。为仿龙眠法补写此

顾鹤逸与夫人潘志玉在苏州宅院合影。顾笃璜供图。

图,以抒真鲜民之哀,请视效俞图为何如也。"(见顾鹤逸著作《鹤庐画赘》)冒鹤亭作《长歌赋谢顾鹤逸时为余仿查声山作写经图卷》长七古。

自顾鹤逸为冒鹤亭作《写经图》后,冒鹤亭陆续请人画了十几帧《写经图》,皆为一时名家,如陈仁先、王一亭、溥心畬、吴湖帆、唐云等,从1927年一直持续到1955年,隔了二十九年之久。在1930年,俞培作《写经图》也归于冒之名下,成为一桩锦上添花的佳话,更是冒氏在收藏史上执着坚持的见证。

1930年4月19日,顾鹤逸在苏州病故。这一年的冬季,顾鹤逸的儿子顾公雄、顾公硕从苏州赶到镇江,请冒鹤亭为父亲撰写墓志铭,三十年的交情,不可无字,冒鹤亭作了一长篇《元和顾隐君墓碣铭》。其中记述了顾鹤逸的出身、为人以及艺术成就等。看着英气勃发的顾公雄先生,冒鹤亭颇为欣慰,顾也擅山水,继承父法。后来,冒鹤亭就将第三个孙子冒怀苏交予顾公雄练习山水多年。

也就是在这一年冬,冒鹤亭受聘为国家考试院委员会委员,赴南京访友时,他作《浪淘沙》云:

哀柳不成行,败苇荒塘。远山残雪点湖光。小阁人豪何处也,剩有斜阳。

往事莫回肠,无限沧桑。已经心上够凄凉。偏又一声邻笛子,吹过僧廊。

是怀念故人,也是想念驾鹤而去的老友吧。

昔日,顾鹤逸曾请冒鹤亭撰写祖父顾文彬的祠堂碑记,冒鹤亭对顾鹤逸先祖事迹做了详细的考证,对于他在处理太平天国事件时的付出,以及在就任浙江宁绍台道加布政使司衔的政绩，甚至连私下力保左宗棠免于小人诬陷的杂事也收集在目，最终撰写了《清故宁绍台道顾公艮盦祠堂碑》。

1933年的1月，年过六十的冒鹤亭收到了顾公雄、顾公硕兄弟从苏州寄来的《元和顾隐君墓碣铭》拓片，这篇墓志铭正是出自冒鹤亭手笔，已有宝熙书丹并题额，刻于石碑上，笔迹认真、工整、遒劲。宝熙为清宗室人，进士，任学部左侍郎，曾与冒鹤亭共事，诗书俱佳，想必请他书写亦为冒鹤亭推介。

"生诗书仕宦之家，际承平之世池馆之美，收藏之富甲于一时，而其人复敦气节。多才艺，善结纳贤豪长者，贤豪长者归之，沛然若水之就壑，此岂非人生可贺之遭哉。"文中对于顾鹤逸在怡园组织画社的情况也有所提及，冒鹤亭自称在此间结识了吴昌硕、金心兰、曹君直、王胜之等人，虽然不少人平时要往其他地方走动，但终归常来聚会。如今自顾鹤逸仙逝后，"惟胜之与吾在矣。日月急景，山河举目，中年以往衰乐无端。当其盛时，一杯酒，一言笑，曾不自觉。由今思之，其可哀者，又岂独杯酒言笑之细也。君既少无宦情，遭世多故乃隐于画以自终。近时画家放笔恣肆，一往而不可遏。自谓青藤石涛石谷八大以惊世而骇俗博取多金，其异趣者又或高谈宋元薄四王吴恽为不足法，风气所响虽一艺之微，不破坏灭裂之。而不肯已宜，君之抱道自重，晚年至欲焚其砚，谢绝人事而常欿然，其退藏于密也，然则君之画与君之品侗乎远矣"。

在铭文中，冒鹤亭还提到一个细节，"（顾鹤逸）卒今年庚午四月十九日，享年六十有六，遗命以僧服殓，将以明年辛未二月十二日葬长洲县一都二十一图皇圩西津桥月盘……"从最近整理出来的顾家老照片看，顾鹤逸在老年时曾着僧服、僧鞋拍照，后来走的时候也是这一装扮，据顾笃璜先生介绍，祖父晚年笃信佛教，因此要求着僧装离世。

3. 再续世交

1935年5月，冒鹤亭再到苏州，与顾公雄、顾公硕兄弟至怡园品茶聊天，追忆四十年前往事，感慨万千，斯时人去，园景亦然。第二天从苏州返回南京时，竟然误点车次，冒自称"此为平生未有事"。

到了1937年6月份，冒鹤亭还同徐小圃、谭瓶斋、

顾鹤逸的山水画作。

符铁年等人赶赴苏州过云楼看藏画,"最精者:赵千里《上林图》,后有文衡山小字书《上林赋》,又刘松年《兰亭修禊图》、张渥《七贤过关图》三卷"。此时在冒鹤亭年谱上误记为1938年6月。后来与顾笃璜先生求证时,他说,1937年日本人来苏州时,顾家人已经携带所藏书画逃亡上海,不可能再到过云楼看画了。

抗战全面爆发后,冒鹤亭与顾家后人顾公雄、顾公硕等人在上海多有聚会,畅谈往事,唏嘘不已。1939年4月,留守苏州的王胜之从苏州来到上海,先找到了昔日怡园的画社成员之一吴湖帆,吴及时邀请冒鹤亭一起就餐。屈指算来,冒鹤亭与王胜之已经相识四十多年,而且他们的认识与顾鹤逸主办怡园画社有很大关系,两人见面,不免叹息,忍不住怀念起顾鹤逸生前的唱酬时光,或是在孤岛时期的一点慰藉。

1940年大年初三,顾公雄、杨无恙、胡汀鹭等人前来为冒鹤亭拜年,顾公雄起头作画水仙,后又有山茶、松枝、佛手等,冒鹤亭欣然题诗:"舍南舍北无花事,花在先生壁上观。不用一钱吾已买,得并四美古犹难。评量题目添诗料,点缀风光慰岁寒。灶妪可能知此意,终年闭户呕心肝。"他大为欣赏顾公雄的丹青笔法,后来又请公雄为之补绘《得全堂图》,"以志香光榜书已东渡矣"。

1940年3月,冒鹤亭六十八岁生日时,顾公雄仍与众多书画名家结伴前来祝寿。十年后,已近杖朝之年的冒鹤亭送别一位故友后,接待了顾鹤逸侄子(为顾鹤逸之幼子)顾亭亚(名则武),顾亭亚"泣告以其家怡园已折卖云云"。此时的天地已是旧貌换新颜,历经时代更替的地方士绅多有进步之举,怡园在历史的记载中是被顾家后人捐给了国家,不知"折卖"一说从何而来?

1955年,曾跟着顾公雄学画的冒怀苏完婚,祖父冒鹤亭心里颇为欣然。四年前,顾公雄先生病逝。冒鹤亭每每念及顾鹤逸都会想到他的经典藏品《写经图》。就在这一年,他又请吴湖帆为之绘《写经图》卷第十二,并请画家周炼霞补人物、屋宇、舟桥等。又请书法家沈尹默为之行书引首。吴湖帆在题跋时,特地提到了他的"襟丈顾西津"首画《写经图》。想必是顾鹤逸的妻子与其妻为一族所生。从顾鹤逸第一次开笔画,即辛卯年秋至此,已经三十年过去,至此,皇皇十二卷《写经图》,淋漓满幅,双璧辉映。四年后,冒鹤亭在上海仙逝。

一晃近四十年过去,1998年9月的一天,顾公雄之子顾笃璋的爱人卢秀华收到一封信,写信人是冒怀苏,即冒鹤亭的三孙。"很冒昧,我经过长期考虑以后,就是说拖了数年以后,才写信寄给您,并寄赠拙作先祖《冒鹤亭先生年谱》一本,作为存念。书中多提到顾公雄老师……四十年代初期,我十六岁,(生聋哑)奉先祖之命,从顾公雄老师学习山水画,每星期一二次去爱文义路顾家,临摹一些古代山水,前后大约有二年光景。我也拜见沈同樾师母(注:顾公雄夫人),还有笃璋兄妹。抗日胜利时,我家经济不大好,我随先祖在南京谋生,从此疏远。到上海解放,我就参加革命,改了行……一直到1987年离休。早在此前,就是五十年代初期,我曾数次想见顾公雄老师,畅叙旧情。没想如今,老师、师母早已不在人间。笃璋一二年前似乎还在,最近上海博物馆友人告我,才知笃璋本人已去世。每次梦见此中情况,不觉夺泪而出也。这只能恨自己不争气,未及时叩见他们,为之惘然耶!我记得还有笃瑾、笃琳、笃璜数人,不知他(她)们还健在?在何处?我很想念他(她)们。……我今年七十二岁了,笃璋如活到现在,大概已是七十五岁了……"

如今,著名版画家冒怀苏也已去世十多年,信中提及的顾笃璜先生,耄耋之年仍在苏州掌舵昆剧传习所,提及冒怀苏,顾老一再强调,冒字念"miè"音。别人说一遍,他就纠正一遍。

参考资料:《冒广生先生年谱》《过云楼续书画记》《鹤庐画赘》《鹤庐印存》等。

一个斯文家族的出版史

(一)

提起合肥张家四姐妹,相信很多人都读过有关的书,尤其是在叶稚珊女士的《张家旧事》和金安平女士的《合肥四姊妹》出版之后,有关张家的出版物便迎来一波又一波的热潮。其实早在晚清时期,张家就开始自行刻书出版了,那时张家主政的还是第一代兴起人张树声,因此我猜想后来张家的家刊《水》杂志的出版,是自有其家族传统的。

张树声(1824—1884),字振轩,安徽合肥人,廪生出身，晚清时期参与组建淮军，是较早由带兵打仗转入仕途的淮军将领。历任江苏巡抚、两江总督、两广总督、通商事务大臣、直隶总督（署）等职。张树声在江苏巡抚任上重建古典园林、疏浚太湖水利工程、修复紫阳书院等，颇受爱戴。在直隶总督任上果断入朝抗日，赢得外交先机，颇受称赞。张树声在两广总督任上主张抗法战争，积极防御。光绪十年（1884年）阴历九月初八日，张树声在参与中法战争守备时期突然病逝。朝廷为此下达谕旨褒奖有加，并要求将其事迹宣付史馆立传。赐谥"靖达"。张树声病故后，灵柩运回故乡肥西乡，安葬于周公山西麓。

整理有关张树声的出版物可以发现种类不少，他本为秀才出身，作为耕读之家自然会留心攻读古籍。张家崛起后，成立了家刻堂号——毓秀堂。

光绪二年（1876年），张树声在回乡丁忧之际，对张家族谱进行整理重修了《合肥张氏族谱》出版，基本理清了张家一族的脉络，并请人作了序言，一共四册，刊刻精美，现藏在美国和日本。

如果说这套书与张树声关系不大的话，那么出版于光绪十年的《敦怀堂洋务丛钞》则是张树声倾心编辑，

《庐阳三贤集》之《包孝肃奏议》书影。鲁燕供图。

《庐阳三贤集》之《青阳山房集》书影。鲁燕供图。

《庐阳三贤集》之《垂光集》书影。鲁燕供图。

合肥张家的刊印书社名为「毓秀堂」。鲁燕供图。

《张靖达公奏议》书影。

张树声的一则跋记。

它的出版之时，也正是中法战争之际。这部书的衬页显示为"张振轩宫保鉴之 洋务丛钞 敦怀堂新镌"，"光绪甲申年 敦怀书屋刊行"。

这部大书，不只是对洋务派论说的一次集中整理，其中既有朱克敬的《柔远新书》、李鸿章和丁日昌的《海防要览》、日本冈本监辅的《万国总说》、林则徐的《俄罗斯纪要》、姚石甫的《俄罗斯方域》、王韬的《操胜要览》、张芪臣的《华洋战书》等洋务派的论著，同时还收录了姜子牙的《太公阴符经解》、孙武的《孙子九地篇》和诸葛亮的《火攻备要》等古代兵书。而且不少著述都是同时期新作，对于当时的治国颇有现实意义。因此这部书对于当代研究中国洋务历史很有借鉴意义，从中也可见张树声的施政理念和治国思想。

这一点在张树声的遗著《张靖达公奏议》中则得到了充分的体现。《张靖达公奏议》是在张树声病逝多年后由其幕僚何嗣焜整理出版的。全书一函四册，八卷，为光绪二十五年（1899年）刻本。有关研究古籍版本的人士评价此书："该书老装未衬，品相上佳，天头敞阔，边框线粗黑，字略扁，字体镌刻精雅，墨色浓郁，点划清晰，印制水平上佳，较初印。版面密而不挤，可谓上乘

之本。"(《东方收藏》2014年第2期）

这部个人奏议集几乎囊括了张树声在任上的所有重要言论，内容涉及国家体制、教育、军事、学务、交通、税务、水利、吏治、民政等等，共计143篇。安徽乡贤陈满意先生对这部奏议集曾有专文（《〈张靖达公奏议〉刊刻考释》，载《江淮文史》2017年9月）考证。据他的考证，该书系由张树声幕僚何嗣焜编辑，缪荃孙、刘世珩两位藏书大家订正，刊刻名家陶子麟椠刻，经多方努力，方成就了这套不可多得的雕版印刷精品。

何嗣焜是常州人，曾跟随张树声长达二十年之久，他少年即有诗才，先入李鸿章部参军，后因长于文牍之才被张树声邀请入幕，从此南征北走，见证了张树声从一方长官到封疆大吏，直至到达权力的最高峰，即直隶总督（署）。张树声代理直隶总督时果断并妥善地处理了朝鲜内乱，当时正是在何嗣焜的倾力协助之下，因此张树声对何嗣焜称赞有加，说他能胜任"一切吏治、军谋、理财、柔远诸大政"。后来张树声会同李鸿章为何嗣焜上奏请为直隶州知州（五品衔）赏戴花翎。

张树声病逝后，何嗣焜多次婉拒就任要职，直到光绪二十年（1894年）受同乡盛宣怀之邀参与创办南洋公学。他尽职尽责，亲自授课，由此成就了后来的上海交通大学，至今上海交大博物馆内还有何嗣焜的塑像，以示纪念。

何嗣焜在这部书的序言中明确点出了该集的编纂过程。在张树声去世五年后，其长公子蔼青与次子次青先后两次把汇编重任委托给何嗣焜。由此可见张家后人对于何嗣焜的信任。

作为文案秘书，何嗣焜自然也是值得信赖的，他怀着相处二十余年的深厚感情参与编辑工程，在此过程中他进行了严格的筛选，确保把最重要的内容、最精彩的奏议编辑出来，"发箧陈书，厘为八卷，都一百四十三篇，其寻常吏牍近于胥史所为者，皆不列于此"。按照何嗣焜的序言，此书于光绪二十五年八月完工，编辑完成后还邀请藏书名家校订，可见极为负责。在序言中，何嗣焜还表达了对张树声的人格精神由衷的钦佩："公（张树声）虽起家淮军，而冲然怀远之思，欿然不足之意，好学不倦，折节下士，风采可惠爱，皆有湘乡之流风余韵焉。"

值得一提的是，同是淮军之后的刘声木在其著作《苌楚斋随笔》中提及："合肥张靖达公树声历官数省，当时在其幕中主持笔墨者，实惟□□何梅生孝廉嗣焜。张靖达公故后，其家中因当时奏稿多系孝廉所代拟，请其编刊《奏议》八卷，未成而卒，江阴缪筱珊太史荃孙踵成之。"可知这本书的编辑刻印曾引起各界的关注。

书中卷首为《御碑文》和《谕祭文》，对于张树声一生的功绩及对国家的贡献予以褒奖。并有两广总督张之洞、兵部尚书彭玉麟、广州将军长善、广东巡抚倪文蔚的《会奏积劳病故胪陈事迹折》，对于张树声一生的战功和施政成绩，对于他担任两广总督的兢兢业业，一一陈述，奏请朝廷给予褒奖，记入国史，同时对于后代张华奎、张云霖、张云鹄，给予优待。淮军的创始人、直隶总督李鸿章奏请在原籍合肥为张树声立祠，奏折中详细提及张树声在合肥建造圩堡并积极参与组建淮军的历程，申说地方强烈建议立祠纪念。同时还收录了天津专祠的碑文。这些资料对于研究张树声的生平、家庭、出身等等，以及参与组建淮军等方面都是极为重要的参考。

该书八卷分别为《吴中稾十篇》《桂海稾十四篇》《桂海稾十八篇》《岭南前稾二十一篇》《岭南前稾十六篇》《畿辅稾三十一篇》《岭南后稾十六篇》《岭南后稾十七篇》等。

2013年北京德宝秋季古籍文献拍卖会上曾经上拍此书,"是书开本敞阔,方字精刻,品相较佳",一时引起藏家关注。后来,台湾文海出版社作为"近代中国史料丛刊第二十三辑"影印出版,封面特地在靖达公后注明"树声"。

此后,一本《张靖达公杂著》的出版,则代表着张树声一生不为关注的诗词学问。我去上海和苏州图书馆古籍部查阅发现,这本被多人零星引用过的杂著,为《清代诗文集汇编》中第695册,上海古籍出版社于2010年出版影印本。此本原刻于宣统二年(武昌刻本),内中收有张树声的各类文函四十多篇。再看编者,正是张树声的侄子张云锦。

查阅《续修庐州府志》和张旭和修谱《肥西张公荫谷后裔谱资料汇编》,知张云锦为张树声三弟张树䅲(櫭)的次子。张云锦,邑禀生,官至江西候选知府,勋赏花翎,曾随淮军将领刘

张家自修家谱《肥西张公荫谷后裔谱资料汇编》封面。

铭传在台湾办事；其才情在今日可见的《顺所然斋诗集》（光绪丁未年［1907年］印）中有着充分体现。

张云锦认为前人编辑的《张靖达公奏议》八卷（光绪二十五年刊印），收录的多是公文式的内容，不足以见伯父的才情。为此他决定编辑一册包含伯父诗词、信函、古文等内容的纪念册。但堂兄张霭卿（树声长子、华奎）及张云林（树声次子、华轸，李识修的丈夫）先后下世，苦于资料匮乏，无从找寻，于是转向张树声长孙张武龄（张冀牖）处寻找家藏资料，加上自己的多年搜求积累，最后整理成《张靖达公杂著》。其中选取了张树声致长子、致三弟的信函，还有致其他友人的信函，以及诗文、杂文等。

张云锦作序时感叹伯父文才未能尽情发挥，"公虽以武功起家，而自幼好学苦读，静思于历朝经史，汉宋儒先各书及义理、词章之学，靡不研究而得其门径，故为文亦下笔千言，曲畅旁通，自达其意。惜乎始遭乱杂，继典军旅，终羁仕宦以致鞠躬尽瘁，卒于王事。既无暇专心著述，书札亦多未录……此编所录公作千百中，仅存一二，而公一生学问经济与其文字卓卓可传……"。在云锦看来，伯父若是专心为学，应该会有丰富瑰丽的展

20世纪30年代初,张冀牖与蔡元培的合影。张寰和摄影。

示,而很多值得整理和传承下去的经世文章也有所散失,尽管有的还得到过曾国藩、李鸿章等人的称赞。

在《张靖达公奏议》里,更多的是涉及政务及公文式的文章,当然也有不少关于洋务的真知灼见。相较于《张靖达公杂著》,后者更接"地气",更家常化一些,例如张树声在光绪五年(1879年)写给长子的信中提及"此时间闱场既过,深沉已定,得固欣然,失亦不必为无益懊恼也",述说了考场的惯例和常规。查询其长子张华奎(举人、户部员外郎),时年32岁,应该是参加全国大试之时，但那一年（1879年）他似未能获得名次，而于光绪壬午年（1882年）才中举人。但父亲并未对他施加任何压力，只是提示他，用心应考，坦然面对结果。并说自己公务繁忙，"碌碌鲜暇，十月杪方能竣事，幸眠食如常，体气尚健，差堪告慰"。

张元和饰演的杜丽娘身段影集封面。

此书中收录的张树声诗词则有着别样的文风。在此照录两首：

谒孝肃祠

城南一曲尚清流，风送荷香栏外秋。遗像至今传铁面，直臣岂肯作金钩。

烟波浩淼藏鱼艇，频藻馨香荐古洲。漫说阎罗关节重，青宫事业等安刘。

过公瑾墓

鼎足功收一炬红,白杨古墓啸寒风。两朝心腹推知己,半壁江山效死忠。

遗恨直吞漳水北,豪情犹唱大江东。英雄儿女今何往,埋玉深深惜此中。

从诗中自可见张树声的文采及对家乡文化和先贤的热爱。在一本近年新出版的《近代史所藏清代名人稿本抄本》("国家清史编纂委员会·文献丛刊",大象出版社,2011年影印本)中,第一辑中就收录了张树声的稿本,介绍语中有:"存札共两函九册,大八开本,装裱工整,均亲笔信,少数为幕僚代笔,如吴长庆函为张謇代笔,时张任吴幕。通信人有吴长庆、潘祖荫、孙家鼐、张佩纶、文廷式、盛宣怀、周馥、刚毅、裕禄、汪鸣銮、潘鼎新、张之洞、沈桂芬、曾国荃、潘鼎新、钱应溥、岑毓英、汪鸣銮、宋庆等。多为直隶、两广总督任内之通信。"此书中可以看到更多有关张树声交往的情况,因为书中收录的多为手札、书信,所涉并非全是公务之事,且能顺便看看张树声的书法,不过有些笔迹恐怕是出自秘书之手,还需甄别。

时间来到了张华奎的时代。作为张树声的长子,常年在四川任职,处理过不少棘手的教案,其中以"大足教案"为最,并妥善协调重庆开埠事宜,常年倾注于职务事务,积劳成疾,病逝于川东道任上,终年49岁。如果他得以长寿一定会有相关著作留下,从而延续毓秀堂的家刻本。不过他的大批藏书从四川运回后,使得张家后人受益多多。

(二)

延续张家出版叶脉的乃是张华奎之子张冀牖,他在合肥以学儒家书籍为主,同时也大量阅读了当时的进步思想刊物,并于1913年携全家百十口人南迁,先到上海,再到苏州安家落户。1921年他变卖部分家产创办私立乐益女中。定名"乐益",取"乐观进取,裨益社会"之意,强调自己的办学是"以适应社会之需要,而为求高等教育之阶梯"。乐益女中当时就创办了好几份校刊,目前所见有《绿叶》(1929年)、《乐益文艺》(1933年)等。

《绿叶》也许是取校名"乐益"的谐音,小开本,精雅、秀丽,手写的刊物名称,透着亲切。封面注明为

"乐益出版社发行",版权页上还注明"乐益出版物之一,绿叶,实价大洋二角,……发行处:苏州乐益女子中学校"。由此可知,当时的乐益女中的出版物不止一两种,而且是公开发行的,有自己的出版社,有具体的定价。刊物中主要刊发校内师生的文学作品,涵盖散文、诗歌、游记等等,当时在校任教的匡亚明还特别作了序言说明,"这里面所收集的十几篇东西,都是同学们课内外——以课外居多——的作品。如果有人问,中学程度的学生能做什么好东西来,值得郑重其事的为她们出集子?那么,请你费一两个钟头的光阴到街头坊间的书肆里去看一看去,那些花花绿绿的洋装的所谓当代文豪的五光十色的著作,比此何如?"匡亚明在序中说对这些崭露头角的未来作家们很是看好,因为她们的坦诚,因为她们的灵动,更因为她们的自由。"文艺是应该绝对有自由活动的领域,虽然艺术的形式有时候予以相当的束缚,但她的精神,她的灵魂,应当有绝对自由活动的余地,自由活动的程度,决定他的作品的生命之伟大与否。"匡亚明的这篇极富情感的序言可谓是道破了乐益女中办刊物的宗旨和希望。

而发行于1934年1月13日的《乐益文艺》则内

容更加丰富了,其中有散文、诗歌、游记、文艺评论、随笔、书信、剧作、水彩画、铅笔画、粉画等等,封面刊名的美术字体时尚大气,大开本,厚达200多页。值得一提的,这些形式各异的作品几乎都是学生们的自由发挥而成的,且有的论文并不认同学校老师的观点,而是有

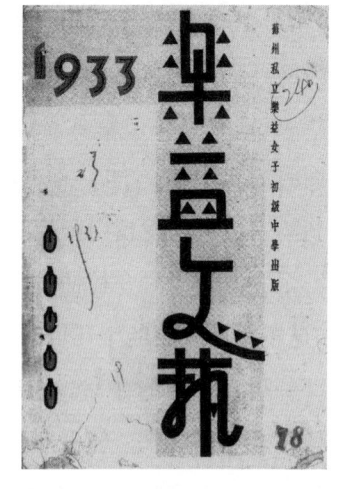

苏州乐益女中校刊之一《乐益文艺》封面。

针对性地表达商榷意见。从刊登的文章看,当时的初中女生已经具有相当成熟的世界观和责任感,她们的讨论内容涉及"中国目前需要怎样的女性?""你估量你自己将来做什么?""怎么做个时代的女学生?""为什么要爱国?""电影与社会教育"等等社会话题。同时还有大量的诗歌、游记、书信等也颇有新意,可谓开一时先河。后来发现的张充和的三篇散文也是首发于此,分别为《我的幼年》《梁石言先生传略》《别》。充和当时的好友才女许文锦(图书馆学者钱存训夫人)则在刊物上发

表了日记、书信和散文。应该说这样一份学校刊物给了很多同学练笔和思考的机会。

学校刊物的兴办，一定程度上也影响了张家孩子创办家庭刊物《水》。根据张家长子张宗和的日记，1929年夏，《水》在苏州九如巷张家创刊；这一年乐益女中的《绿叶》也在出版中。

张家的《水》作为家庭刊物，主要成员是当时的四姐妹和三个已经长大的男孩子，还有张家朋友窦祖麟、周有光。张家的《水》自撰、自编、自印、自己发行，

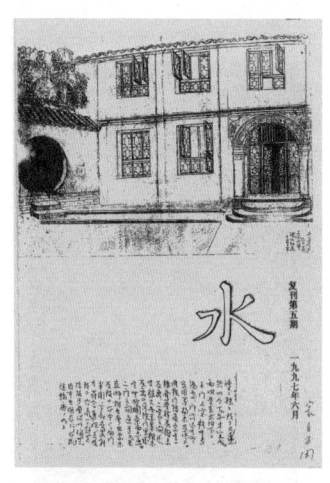

张家自办家庭刊物《水》复刊第五期封面。

张家自办家庭刊物《水》复刊第二十一期封面。

这些都无形中锻炼了张家孩子对于出版业的探索和认知，最主要的是影响了他们今后的写作能力。后来在文学中有所成就的张允和、张兆和、张充和、张宗和等都得益于早期《水》的"营养"。1996年《水》杂志的复刊人也正是张家二姐张允和。

1936年末，当张兆和开始小说创作时，张允和已经接替储安平夫人端木露茜在《中央日报》编辑的岗位，主编《妇女与家庭》副刊，此前她已经在《苏州明报》主编"苏州妇女"专栏多时。同一时期，张充和则受胡适之邀在《中央日报》主编《贡献》副刊。两人在主编副刊期间，发表了大量的文论，为张允和以后的写作奠定了基础，更为张充和的艺术世界开拓了思维。

早在1934年，张允和就出版了自己的译作《书的故事》，为当时中华书局的"中华文库"丛书之一种，后来此书又于1947年和2017年再版。张允和在

张允和早期译作《书的故事》。

1934年12月的序言中提及："人类是奇迹的创造者。可是他们所创造的许多奇迹之中，什么东西是最珍奇呢？是飞机，潜艇，火车？是无线电话，有声电影，传真术？是各种骇人听闻的军器？不，全不是的。最珍奇的奇迹是一件我们所认为最平常的东西——书。这里所说的书，可以是一串贝壳，一块石头，一方泥砖，一张皮革，一片草席，一卷丝绸，或一册以纸订成的我们所谓的书。任凭它的形式有九九八十一变，它的作用都是相同的——记录人类的生活。"张允和还在序中提及："本书作者伊林，是一位有名的少年读物作家。他的作品在欧洲各国都受少年读者的热烈欢迎。在中国也已有了很好的印象。我希望这本书能不因我的译笔拙劣而减少读者的欣趣。本书翻译时，承周耀平先生给我许多指教，在此附志谢意。"周耀平即张允和的丈夫周有光。此书中大量的插图也很有趣，可谓文图并茂，值得青少年阅读。

书评人、阅读邻居创始人之一邱小石先生曾对比胡愈之的法译本（1936年译）和张允和的英译本做出详解："英译本不见了原书最后一章最末几段文字，却又在第三章后面，加了一个嘲笑黑人的故事。胡愈之请俄文专家原本核对，终觉自己的译文是比较忠实于原著的，所以才觉得有再出版的必要。"

"两个版本的差异确实很大。……对比两个版本，看得到阶级的立场。谜一样的事情，总是在发生。"（邱小石《被修改的命运和谜一样的事情》）

周有光先生是著名的语言学家，很少有人知道，周有光夫人张允和早期也曾从事过诗韵的研究，并出版过一本《诗歌新韵》，第一次印刷就是22000本，可见出版社对于这本书的重视。

早期已经出版著作的还有沈从文的夫人张兆和，1941年巴金主持的文化生活出版社出版了张兆和的短篇小说集《湖畔》。1999年11月上海古籍出版社再版，作为民国女作家"虹影"系列之一，与苏雪林、庐隐、石评梅、林徽因、张爱玲、梅娘等并列。编者孙晶在文前提及："《文学丛刊》第七集里收有一本短篇小说集《湖畔》。文字不多，仅100页

张兆和的小说集《湖畔》。

的篇幅，却写得轻灵别致，纤柔动人。……张兆和的作品就数量来说并不多，而且她的创作以后未能继续下去，而主要是做一些编辑方面的工作，但她的小说却已风格自成，别具一番韵味。"

巴金对于张兆和的小说是颇为欣赏的，他早年即在《文学季刊》刊发张兆和的小说作品，鼓励她写下去。巴金在《怀念从文》中曾回忆："一九三四年《文学季刊》创刊，兆和为创刊号写稿，她的第一篇小说《湖畔》受到读者欢迎。"令人遗憾的是张兆和并没有继续写下去，后来反倒去了《人民文学》做编辑，甘愿为别人作嫁衣。

（三）

1996年春，张家家庭刊物《水》在北京复刊，张允和担负起了主编的大任，负责组稿、编写、印刷、发行等等，这次复刊对于张家文化的影响是较大的。这份家庭杂志再次把散落在全世界的张家人紧密联系在一起，并实现了纸上的互动。这份家庭刊物经过多年的"经营"，不只是在整个大家族内部发生了影响，同时也吸引了家外的读者，出版家范用、叶圣陶的后人、历史学者葛剑雄、戏剧名家胡忌、教育家匡亚明、文化学者郑培凯，等等，他们中的不少人直接请求订阅这份内部刊物。因为《水》承载的不只是家庭文化，还包含着近代历史和文化渊源，如有关乐益女中的创办。有关女中几位先锋人物的历史，张闻天、叶天底、胡山源、侯绍裘、韦布等等，以及有关张家的历史、淮军的历史、抗战的历史，有关昆曲、书法、文学、园艺、诗词等方面，这些都使得《水》的内容更加丰富并影响深远。

1999年6月出版的《张家旧事》（张允和口述、叶稚珊编写，山东画报出版社），可谓是"引爆"了张家文化进入社会的视野，同时在生活·读书·新知三联书店出版的张允和个人著作《最后的闺秀》更是将张家文化向深处推进了一大步，迄今这本书仍在畅销之中。

2007年，当时任教于耶鲁大学历史系的金安平女士因为丈夫史景迁是傅汉思的学生，得以长期接触张充和，从而投入大量精力奔走在国内外采访四姐妹的故事，后来完成了《合肥四姊妹》，此书曾以英文和中文分别出版，成为当年出版界重要的书目之一。这本书使得人们以一个更宽大更广博的视角去看待和了解张家文化，使得张家的文化进入世界人文视野，在近代历史上有一定的代表性，而不再是单一的家庭个体。这本书对于张家文化进一步的研究，可谓是具有开拓性的。

此后有关张家文化的书有《水——张家十姐弟的故事》（张昌华、汪修荣编，安徽文艺出版社2009年）、《似水华年——〈水〉与一个家族的精神传奇》（王道编，新星出版社2016年）、《流动的斯文——合肥张家记事》（王道著，浙江大学出版社2014年）、《春梦水流痕——合肥张氏家族文化评传》（陈泓著，郑州大学出版社2015年）。

以下以个人名义出版分类：

张元和：
《昆曲身段试谱》（台湾蓬瀛曲集1972年）
《顾志成纪念册》（张元和编，内刊，2002年）

张允和：
《曲终人不散》（湖北人民出版社2009年）
《浪花集》（与兆和等编著，新世界出版社2005年）
《今日花开又一年》（与周有光合著，中国文史出版社2011年）
《昆曲日记》（语文出版社2004年）

《我与昆曲》(庞旸编，百花文艺出版社 2014 年)

张兆和：
《与二哥书》(中国妇女出版社 2007 年)

张充和：
《陆机文赋》(陈世骧英译本、张充和书，美国加州，1952 年，印 400 本)
《书谱两种》(张充和书、傅汉思译，耶鲁大学出版社 1995 年)
《桃花鱼》(张充和诗书、傅汉思译，薄英[Ian Boyden]制作，蟹羽出版社[Crab Quill Press]，限量 140 部)
《张充和小楷》(白谦慎编，重庆大学出版社 2002 年)
《曲人鸿爪》(张充和口述、孙康宜撰写，广西师范大学出版社 2010 年)
《古色今香：张充和题字选集》(张充和书、孙康宜编注，广西师范大学出版社 2010 年)
《张充和诗书画集》(张充和作、白谦慎编，生

活·读书·新知三联书店2010年）

《天涯晚笛——听张充和讲故事》（苏炜著，广西师范大学出版社2013年）

《小园即事——张充和小文雅集》（王道编注，广西师范大学出版社2014年）

《张充和手抄昆曲谱》（陈安娜编，上海辞书出版社2012年）

《一曲微茫》（与张宗和合著，广西师范大学出版社2016年）

《张充和诗文集》（白谦慎编，生活·读书·新知三联书店2016年）

《一生充和》（王道著，生活·读书·新知三联书店2017年）

《张充和手抄梅花诗》（上海辞书出版社2017年）

张宗和：
《梁山泊与开封府》（北新书局1951年）
《秋灯忆语——"张家大弟"张宗和的战时绝恋》（人民文学出版社2013年）
《张宗和日记》（浙江大学出版社2018年）

张定和:

《昆剧〈十五贯〉曲谱》(朱素臣原著,陶金、张定和等改编,上海音乐出版社 1957 年)

张宇和:

《中国果树志·板栗榛子卷》(与柳鎏等合编,中国林业出版社 2005 年)

张宁和:

《音乐表情术语字典》(与吉兰合著,人民音乐出版社 1958 年)

第三辑 芸香乐途

天下的旧书

一直想写写这些年东奔西走淘旧书的个人经历,其中酸甜苦辣,五味杂陈,可谓是另一种人生的展现。如果说在世上有很多上瘾之事,淘旧书对于书迷来说绝对是名列前茅的一种。

淘旧书是一门技术活,却是不用上课、不用拜师、也不用偷学的技术活,唯一要具备的就是有时间和有点闲钱。

淘旧书是从什么时候形成的传统?千金不换的宋版书能够流传下来,多少是依赖明代一些藏书家的爱好。如明末时期的江南人毛晋,据说在当时即按页以黄金作

旧书市场一景。

价收购宋版图书，这位收藏家先后购藏宋元本及其他善本达8400册。因此至少可以说，收旧书从四五百年前就形成气候了。到了晚清，国学兴起，对一些古籍版本的追捧又是一股热潮，如苏州过云楼主人顾文彬就收了不少好的古籍版本，其中以宋版《锦绣万花谷》为著，40册2000多页，与其他过云楼藏百余种历代古籍善本一起上拍，后以2.16亿元成交刷新古籍拍卖纪录。到了民国，过云楼的藏书更是在新一代传人顾麟士手里得以丰富和完善，尽管他健在时已经分家散书，但很多古籍藏书还是得以传了下来。而民国时淘旧书也是蔚然成风，鲁迅、胡适、沈从文、朱光潜、黄裳、郑振铎、阿英（钱杏邨）等名家，都有淘旧书的风雅故事可查。

苏州著名的旧书店文学山房里曾留下章太炎、张元济、郑振铎、陈石遗、黄裳、李一氓等人的身影。当然，有些人淘旧书，不只是为了喜欢，更多的还是实用。现在的书店掌门人江澄波先生就提及，他小时候去为住在耦园的钱穆送旧书，就看到钱穆正在挖掉书芯贴在写作的论文上，说这样省时间，不过那时候的一些线装版价格也没有现在这般贵。

因此，淘旧书历来应该分为三种，一种是藏的，一种用的，还有一种是收藏兼用的。而我从一开始就是要用的，后来见了暂时用不着的，虽然心里是痒痒的，但还是因为囊中羞涩而忍痛割爱。淘旧书就是这样，会在进行之中不自觉地发生微妙变化，甚至会改变最早的初衷，最后你可能会沉迷其中，欲罢不能。时至今日，旧书的成本是节节上升了，而好的旧书反倒是越来越少，看来是藏的人多了。大浪淘沙，随着时日的累增，真正好的旧书已经成为一种艺术品，或是一种家产、一种"固定资产"而留存。因此，在当下要想再回到淘旧书的黄金时代，恐怕已不可能。由此回味一些淘旧书的经历，便显得颇有意义了。

北京：潘家园、琉璃厂、护国寺

前些年到北京出差，订酒店都会首选一个小范围，潘家园——东三环南路一带。已经记不清到底住过多少次了，住在这里无非就是想办事之余淘旧书。

潘家园淘旧书须趁早。这是行家告诉我的。多早呢？越早越好，反正就是要成为早晨第一拨顾客。这让我想到了苏州人起早抢吃头汤面。要知道，去晚了，好东西保不齐就被别人先下手了。因此每次都不敢睡懒觉，也不吃早饭，赶到潘家园附近看看有没有包子铺或是煎饼铺，买点干粮边啃边走就进去了。潘家园很大，售卖各种古玩器物家具什么的，旧书主要集中在西北角大棚内和南部露天广场，双休日东西最多。

我一般是先从西南角开始入手，一家家浏览过去，最早是以民国书为主，尤其是民国的历史、文学，后来延伸到美食、美术、图册等等。我记得我买过不少1949年前后出的讽刺国民党政权的老漫画集，很好看。记得我在这一角买了不少的旧书，民国出版的园林艺术、烹

北京淘旧书的地方之———中国书店。

饪技术、毛衣编织等等，我都收下来。

在潘家园南面的露天书摊上，多是双休日出摊，价格很便宜，一块两块就能买本书，以文史类和老杂志居多。我买了全国政协文史委编辑的《文史资料选辑》，一共有好几十本，特别便宜。老的文学、电影刊物也收了一些，有的几本才两三块钱，算起一本来不过几毛钱，简直就是捡便宜。现在回头看看，真都是很好的资料，毕竟那个时候写作、编排、印刷、校对都很认真。

再后来，我就不去潘家园了，为什么呢？价格涨了，涨得离谱了，更关键的是没有什么好书了。这个时候，我已经在倪方六兄的指点下开始在网上淘旧书了，可以比较价格（此时才发现相同的书，相同的品相，潘家园摊主卖得比网上贵好多，有的简直是瞎要价），可以看到书的品相，还可以发现相同的书，更得益的是可以邮寄到家。回想起来每次在潘家园收获颇丰，要知道那时候还不兴快递业，以致"箱满包满"，只能自己大包小包扛回家去。尽管身上沉重，但是心里还是轻松的，释然的，毕竟没有空手而归。

除了潘家园，京城淘旧书还可以去琉璃厂。我开始去琉璃厂是因为荣宝斋在那里，去看木版水印技艺与江南桃花坞木刻年画技艺的区别。没想到那一带还有不少旧书店，其中以中国书店为最大，好像有几家分店，有的店面上下三层楼，当然旧书也分了好几档，有珍贵的古籍版本，也有民国或者新中国成立初期出版的一些好版本。我买过一些民国时期出版的珂罗版画册，如张书旂的扇面集，还是吕凤子的题签，后来拿回来给过云楼后人顾笃璜先生看，他说张先生擅花鸟，有功底，还说张先生是他在上海美专的老师呢。真是巧哇。

北京还有一处卖旧书的在广安门内报国寺，我对其历史不太了解，庙宇不大，但也有些规模，乾隆题字、古松、大殿、古碑、厢房等一应俱全。有一次与姑苏顾氏后人顾建新去淘书，还在寺内见到了顾炎武的祠堂，据说顾炎武曾多次寓居于此。这里的书摊都聚集在空旷的院落中，很多都是固定的摊主，我在此买到了不

美食小书《小吃大补》封面。

少食谱的旧书，有一本《小吃大补》就是在这里淘到的。有个摊主很敬业，给我留了号码，每次有了新的食谱旧书，总会第一时间告诉我，只是后来无暇再去也就渐渐失去了联系。

上海：文庙、书展

上海淘旧书第一首选地，我以为非文庙莫属。我去文庙也会首选住在其附近，因为次日要赶早。住在文庙附近还有个好处：美食不少。

记得在中华路上有家"大富贵",据说始创于光绪七年(1881年),应该是上海老字号了。一到下班时间"大富贵"窗口就排起长队,富贵酱鸭、徽州熏鱼、酱汁方肉、秘制酸辣菜……还有叉烧、走油蹄、醉鸡、素鸡、扎蹄等等,玻璃橱窗里琳琅满目,很是诱人;而且价格也很适宜,可以外带,也可以堂食。我晚上在此点了小馄饨、小笼汤包和辣肉面,其中以辣肉面最为上口,辣中带微甜,辣度正好,面也筋道适中。记得郑培凯先生说他写上海辣肉面,总被编辑改为"腊肉面",他很气恼,要知道上海人也会吃点辣的,只不过这种辣不同于川湘贵的辣而已。

次日大早我又去"大富贵"用饭,就看到附近的居民穿着睡衣跑出来买卤菜,菜肉大馄饨、生煎、血汤都很好吃。吃饱了拐进巷道进入文庙,据说这里最早三四点钟就开市了,名曰"鬼市"。反正我是起不了那么早,所以我淘旧书也只能是业余中的业余。深秋的早市的确很冷,难怪有人把旧书摊称为"冷摊"。

文庙整体建筑很秀气,殿堂、院落都不算太大,双休日的各式旧书摊把个院子和走廊占得满满的,看起来很是热闹,有点小时候赶集市的感觉。旧书旧刊被分成

上海文庙旧书市场。

了三六九等放在架子上,有的索性都扔在了地上,就像是卖破烂货似的,使人有一种"捡便宜"的错觉。

在靠近大殿前的一块空地上就有一个摔在地上叫卖的摊子,旧书旧报书信手札明信片什么都有,不少人上去翻腾着觅宝。我也跟着上去凑热闹,就像是小时候在地里刨红薯,总觉得越往下翻出大红薯的可能性越大。我在翻腾一堆手札时,就发现了一个人的名字,朱季海——苏州国学名家,章太炎的弟子——我曾就他的《楚辞解故》和繁体字、简化字问题采访过他。难道是他的手札?再细看,不是。是别人写给他的赠诗。江辛眉,民国时期有名的词人，以古文和气节著称，而朱季海也是以学问和个性为著。看诗句洋洋洒洒写满了一张大纸头——是一种透明的复印纸——钢笔誊写，应该是晚年时作。

当即与店主商量价格，以为会很便宜，结果要价颇高，当时有些不舍，犹豫了一会，还是决定拿下来。这应该属于苏州的文史资料，我要把它带回苏州。后来我与海上才子安迪先生说了此事，他还要了扫描版说给江辛眉的公子看看。再后来我写了一篇《江辛眉赠诗朱季海》，发在《苏州日报》上，算是为这张纸头留下一份档案。

在文庙淘书时，我还买到过八十年代初期的剪纸版十二生肖，古朴用心，惟妙惟肖，令人喜欢。还有一张别致的纸头，珂罗版印刷的版画，绘画人是吴友如，赫赫有名的点石斋主笔人。因为吾妻是做版画的，因此我也格外留心此类画页。一只水猪，像是域外之物，纸片应该是吴友如画作出版物的散页，初步查询可能是《吴友如画宝》系列中的《中外百兽图》，出版于民国初期。纸面有些发皱，带回苏州后请文学山房掌门人江澄波先生看看。他说是民国早期的白棉纸，线装，并说可以帮着拓平，后来无偿帮我做了处理，使得这张纸头有了"护甲"。老先生对人对纸，都是一如既往的真诚，使人感动。

在上海淘旧书的另一个场合是一年一度的上海书展。有一年书展引进了大批量的旧书店参展，我和妻一起前去，她淘到了十竹斋的水印版画一盒，古色古香，饾版拱花套色，不多不少正好100张，价格适中，马上拿下。我除了看中了几本民国书外，还买到了文徵明的《拙政园三十一景图》，珂罗版，前后有题跋。老板说是1913年出版的，我看不像，不过看纸张和排版肯定是民国时

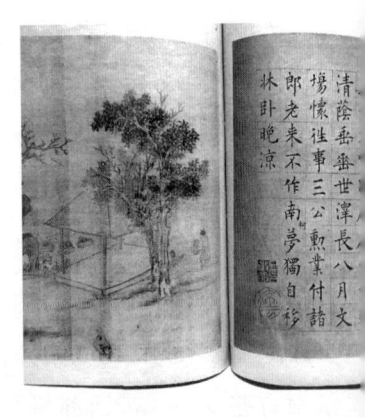

文徵明《拙政园三十一景图》封面。

文徵明《拙政园三十一景图》内页。

期出版的，尽管价格很贵，我还是毫不犹豫地拿下了，放在书房常常拿出来欣赏，有时去拙政园游玩也会不由自主做一些古今对照。淘书，有时就是寻找一段段历史。

南京：朝天宫、汉口路

去南京淘书，我最喜欢两种美食，一是鸭血粉丝汤，二是酸菜鱼。每次去南京我都会先找好地方，把这两种美食吃了，才安心地去淘书。我要去的第一个地方是位于朝天宫西面不远的地方，离堂子街很近，在一个小巷

《金陵美肴经》封面。

子口上,叫天宫书店。是倪方六带我去的,他给我介绍店主,说都是老朋友了,看中什么一起买单,让他打折。其实店里的旧书价格都很相宜。这家书店足有三四个单元楼那么大,开放式的,随意自选,氛围很好。在这家书店我买了不少民国的史料,南京国民政府、汪伪政府,以及战后恢复时期的出版物,还有二十世纪七八十年代出版的民国史料,都很实用。只是后来渐渐地感觉"没书可淘",再后来听说店主因为房租太高搬家了。如今一想起那个地方,不只是旧书店,还有朝天宫古迹可游览,更有不少金陵小吃可以打牙祭,如鸭血粉丝汤、尹氏鸡汁汤包、牛肉锅贴等等。

我后来"转战"汉口路,那地方有一排旧书店,每一个都不大,小小的门面,有的是两层楼,书柜高高的,中间几乎难以转身,浏览书脊时常常会与书友摩肩擦踵,因此相互认识也是很有可能的。在这里印象最深的是唯楚书店和复兴书店,每次去都会耗上个把小时。当然逛之前会在附近先吃点东西,那地方靠近南京大学,餐厅价格都很适合。唯楚书店对面的高台上就有一家小店,酸菜鱼和酸辣土豆丝烧得特别好吃。这两家书店的书种类很多很全,我买了不少文学类书,其中还有不少港台版的。

后来汉口路的旧书店也渐渐退隐为历史,听说已经转战到了"孔夫子"网,只是再也没有那种淘旧书兼品尝美食的兴致和趣味了。这才是令人最为遗憾的。

苏州:旧货市场、古旧书店、蓝色书屋、文学山房、琴川书店

我在苏州淘旧书是从彩香新村附近的旧货市场开始的,那地方卖旧家电,也卖旧家具,但也有七八家店面卖旧书的,不少都是女店主。旧书旧刊摆放得很是杂乱,随便你去翻腾。在这里我买到了《民国笔记小说大观》一套,十本,品相很好,还配齐了一套唐人的小说《金陵春梦》,一共八集。后来又陆续买到了一些旧刊物,再后来这里的旧书店就陆续消失了。

苏州古旧书店名声在外,很多名家都在这里淘过书,我来的时候已经是声息黯然了,但旧书还有一些。我主要是淘一些苏州地方史料,如早期陆文夫主编的《苏州杂志》,尽管陆文夫先生已经赠给我创刊十周年的合订本,但很多早期的散刊我仍是喜欢,于是就一本本收集,家里厚厚一大摞《苏州杂志》就来自于苏州古旧书店,

苏州观前街旧书市场。

还有一些吴门画派的老画册、园林史料以及古吴轩出版社早期出版的小开本丛书也都是来自古旧书店。再后来古旧书店隶属于新华书店旗下，风格大变，虽说是装修一新，但有些读者反映书反而变少了，尤其旧书更是少得可怜。一家改制后的老书店为了生存，的确要动一些脑筋，但到底该如何调整，恐怕还有待时间的检验。

蓝色书屋曾是苏州最有"文艺范儿"的书店，位于凤凰街与民治路交会处不远。对于蓝色书屋的历史我不太了解，只隐约从很多当地作家和读者口中听到它的传奇和精神象征。它早期恐怕并不以卖旧书为主，我去的时候则是冲着旧书。我买过不少文学类和社科类的旧书，常常是在午间饭后散步过去，一来是消消食，二来是扩充下旧书资料。蓝色书屋地处古城区一隅，闹中取静，附近有周瘦鹃的故居紫兰小筑、苏州公园、苏州大学、万寿宫等，可以说人文环境特别好；可是我去淘书的时候发现顾客已经很少了，应该说也是书店业最为低潮的时期。

到了2014年底，突然就传出来蓝色书屋要关门的消息。说实话，我并不觉得突然，在我看来，它实在是撑不下去了。蓝色书屋的关门，还是在苏州引起了一些影

苏州文学山房江澄波先生在店内理旧书。

响。书店创办人还写了一篇小文，其中提及："'再见，苏州！'——那天，像往常一样：早上9点开门，我平静地把它贴在了书店门口。就这么简单的四个字，我用了十八年说出。""1996.2.14—2014.11.11，'情人节'到'光棍节'，我十八年文化追索的巧合和天命。"

隐约记得，创办人是把蓝色书屋当成自己"女儿"的："你可以顺着它上天堂，天堂有光。"苏州本身就是天堂，我想，它会一直留存在很多读者的记忆里，当然，作为读者和顾客，我们更希望蓝色书屋能够重回天堂。

太仓市沙溪小镇旧书店文治书局。

与蓝色书屋相较,文学山房的招牌更为久远和传统。历经三代人,来淘书的读者可谓名家荟萃,该店不只是卖书,还刻书,还修书。这家店的存在,不只是买卖的关系,更是人与人的关系,还有人与城、店与城的关系;说是文化的担当也不为过,说是精神的承载也并非是拔高。多少人受益于这样一家博雅的书店?

每一次我走进这家书店,与江澄波老先生谈谈天说说地,都觉得很受益,他有一句名言:"看看戏"。他把历史当成戏看,很有意蕴。老先生博学而多识,更有一颗存着善念的心,他每天都会备好大米,撒在门口喂麻雀,说它们也是生命。这家店里的旧书以线装本和地方史志著称,我曾买过很多苏州地方史志,园林的,美食的,历史的,老人家总是有问必答,非常热情。有一次我向他请教有关过云楼藏书的事宜,他和盘托出,毫无保留。他曾经说过,衡量一套古籍的价值并非是拍卖价格,更应该从历史和文化价值上看,他认为古籍拍卖不利于保护,古籍最好的归宿还是图书馆或者研究机构。

去文学山房买书不只是一次交易,更是一次请教。我常常会向江澄波老先生请教有关苏州的过去,如他保护下沈德潜故居的经过,如他把过云楼藏书巧妙保存在南京图书馆的经历,还有关于版本、纸张或是用字等等问题。某种程度来说,称江澄波先生一声"老师"也是应该的,实在是受益匪浅。而在他店内买到的旧书、旧刊物,包括与顾家后人顾建新去购买的顾野王的《玉篇》(日本回流)、顾千里的全集刻本等等,都是值得记录在案的。我曾带过很多朋友去拜访老先生,如书评人朱晓剑兄、绿茶兄,还有著名作家钟芳玲女士。记得钟芳玲去时正是冬天,到店正是老先生快要下班的时候,钟芳玲见了老先生很是兴奋,连说我还要来采访您的。记得她在接受媒体采访时说,没想到老先生九十多岁还在守着书店,还会那么耐心地在书店等着她这位陌生来者,她很是感动,说着就落泪了。

我对文学山房始终是抱着感恩之心的。当我在整理书房时,每到一个时期我都会把一部分不需要的书整理出去,我希望它们还能继续发挥作用。此前我曾送给过一些书店和个人,后来我决定全都交给文学山房。没想到的是,每一次江澄波先生和女儿都很认真,清点好每一本书的价格,然后电话告诉我价格,问我行不行。我都不好意思说什么,恭敬不如从命,连说好好好。

与文学山房相近的还有两家旧书店,十方书屋和清艺阁,我都去买过书,后来清艺阁搬迁到悬桥巷,我还跟着过去买了苏州老盆景书籍和老画册。

另外苏州淘旧书的地方我还去过文庙、山塘街,文庙的书摊常常是在双休日。我曾淘到黄裳出版于1948年的《旧戏新谈》,价格很便宜,算是一次小小惊喜。

山塘街的旧书店有好几家,有的是兼售其他旧物。位于古戏台旁的琴川书店算是一家专营旧书的书店,店主李彪在业界口碑颇好,我去买过几次书,书的种类不是太全,苏州本地的居多,价格很便宜,但这家店不是经常开门。位于这家书店楼上的是一家老照片馆,主人谭金土也是熟识的友人,颇有文人情怀。他与莫言也有些交情,收集老照片之余,还常常写作,为研究者提供了大量的图片史料。

贵阳:五之堂、万东桥下

到贵阳市拜访合肥张家张宗和的女儿以䘵女士,闲余就去寻访旧书店。按图索骥,就找到了位于闹市区的五之堂书店,地址在文昌北路口人行天桥下,店里兼售咖啡饮品。可能我去得不是时候,旧书品种不多,而且不少好一点的旧书都被锁进了玻璃柜里。看到一些民国版本的文学书,还有过云楼后人顾鹤逸的手札集,我感觉价格有点贵,就放弃了,但最后还是买了一些1949年前后出版的文学书。

五之堂淘书不过瘾,我又去了万东桥花鸟市场,印象中倒了两次公交车,相当遥远。下车后站在桥上能看到不远处的山脉,脚下则是流动的河流。往桥下走,因为是大夏天,很快就闻到了花鸟市场的异味。继续往里面走,像特务寻找接头地点似的,终于看到了一只书摊,大大小小摆设着,也有店面,很多书垛看起来像是乡下人的柴火堆,颇为壮观。我找到地方后便不着急逛,而是先去觅食。在桥底下找到贵州凯里的酸汤鱼,——红艳艳的汤,雪白的鱼,地道的香料,诱人的民族风;还有肠旺面——鸡蛋条面、猪肠、血旺、脆哨、红油、香葱、香菜一样不少——小小一碗,却是浓缩极致的人生味道;外加一瓶啤酒,我吃得尽兴而快活。酒足饭饱去淘书,果然是满载而归。我买了《女红——中国女性闺房艺术》《故宫鸟谱》《清代民间实用绣花纹样》《蜡染艺术》以及明清字帖、画册等等,还有贵州地方史志,如苗绣的书。把书带给以垠女士看,她是做蜡染的高手,于是把有关蜡染设计的书送给她,没想到其中一本书中的蜡染大师夫妇正是她的旧友。世上就有这么巧的事。

一本出版于1972年的油印本《灶边集锦》。

再后来,我听说贵阳万东桥下的旧书市场已经几乎不存，心里肯定是遗憾的。但世事总有变化，看报道说，贵阳最早有100多家旧书店，一位旧书店老板说："我那时一个月可以挣5万块！"辉煌不再，但旧书的市场还依然存在着，看看"孔夫子"网的交易量即可知道。最重要的是旧书的价值还在显现着，这些年依旧是"水涨船高"。

重庆、济南、合肥、南宁、宁波、杭州……

每一次出行，我都会自觉找找目的地有没有淘旧书的地方，久而久之变成习惯。在重庆市解放碑的书店里我就曾淘到了一些陪都时期的史料和出版物，连蒋介石与重庆僧人的故事都有，很是新奇。后来听说那家书店已经不存在了。在重庆的磁器口小镇，我淘到了一整套《三国演义》连环画，上海人美社1979年出版，一共48册，画印俱佳，拎回来后高兴了很久。印象中磁器口的重庆小面也是好吃得不行，一对中年夫妻的小店，一碗不到五元钱，料多，面有味，至今难忘。

在济南淘旧书是文友文杰带我去的，她先带着我在山东大学一带逛了美丽的大教堂、自由气息浓郁的山东大学校园，后来还带着我去了隐于政协办公地的海棠园，看到了秀美神秘的珍珠泉，都是令人难忘的瞬间。最后又带着我去淘旧书，在济南古旧书店，我买了《济南房地产志资料》《济南名泉大观》以及山东画报出版社早期出版的文史类书，我挑了好几本，没想到文杰比我买的还要多一倍不止。她连说真是没想到，这里还有这么多的史料可以查找，她是研究和写作济南古街巷古建筑历史的，文风苍古，很是成熟。书店靠着大马路，像是新装修的，楼上有桌有椅，可以坐坐。这一层的经典线装本有不少好版本，放在古样的书柜里，更是显出了书的神圣和尊严。不少书价格的确贵，却是物有所值，甚至物超所值，以后有机会还将去那里坐坐。

我还去过合肥、南宁、杭州、宁波、西安等地淘旧书，但因为时间久远，印象都不是太深刻了。记得合肥是在逍遥津一带有旧书摊，南宁是在一座高架桥下。杭州则是跑了好几个地方，不是双休日开市就是铁将军把门，可见旧书的实体市场是越来越趋于冷意了，只是淘旧书的人依旧痴心不改。

再赘言几句我买旧书的目的。首先是实用，如我写沈从文与陈鹤祥的友谊，就把陈鹤祥早期出版的小说、选集都先收下来，通读一遍，尽管后来证实没有"用处"，但我毕竟读过陈鹤祥的作品了，也是一种受益。

有一次买了一本日本版本研究学者岛田翰的《汉本古籍考》，厚厚一大本，其实我对古籍版本并不了解，但我感兴趣的是这个人的学术之路，因为我研究的过云楼后人顾鹤逸（此前我还买了顾鹤逸出版于民国时期的珂罗版画集）与其有交集。促使我买这本旧书的原因还有，书中有俞樾的题字——四个字，"真读书人"，大美隶书，写得真是太好了。尽管岛田翰这个人的生平一直存在争议，但我着实喜欢俞樾的这几个题字，甚至可以说我是奔着这四个字而求购这本书的。

还有一本《知槐轩尺牍》，光绪五年（1879年）出版的，木刻版，竹纸，经江澄波老先生掌眼，说版本不错，是早期的工具书。作者管秋初——据说吴中才子王韬的《悼红仙史》就是根据这位好友夫妇的爱情故事加以改编的——管先生住在平江路管家园。我看中此书的是书前有过云楼主人顾文彬的手书题跋，有闲章和个人印章，文书俱佳。当我把这个想法告知苏图才女沈黎时，她开玩笑说，那你把题跋撕掉，剩下的归我好了。我也开玩笑说，好啊，各取所需。

济南古旧书店。

还有一种旧书我会求购是因为与我有某些特别关联。如我对合肥张家的研究，就促使我购买了张允和早期出版的译作《书的故事》及《诗歌新韵》。前一本书我和绿茶曾想再版，但"下手"晚了。为了后一本书的版权事宜，我特地去求证了张允和的孙女和庆女士，后来她说家里有这么一本，被爷爷（周有光）修改过，可见确是奶奶的著作。还有张宁和、吉兰合著的《音乐表情术语字典》，后来宁和之子以蓝夫妇回国探亲，我给他看他父亲二十世纪五十年代初出版的这个小册子，他大为惊喜，激动地在书上给我题词留念。后来我把此书给了九如巷张家保存。

苏州版画家凌君武先生的藏书我也有幸收到几本。2014年1月10日，一个寻常冬日，凌君武先生在版画院轻生。后来我在苏州观前街的粤海广场旧书市场看到了他的个人藏书，关于水印版画的，当即买下。再后来我在文学山房看到凌君武藏的《印度尼西亚共和国总统苏加诺工学士·博士藏画集》，众所周知，苏加诺是印尼的总统，这本大画册于1956年9月由人民美术出版社出版，受到两国领导人的关注，可以想象当时所动用的编辑、设计、制版和印刷的力量。当然，这本书肯定也是限量发行，其中有齐白石、朱少梅以及日本、印尼等国家的画家精品作品。据说此书整个出版周期只有半年时间，1956年9月30日，毛泽东、朱德和陈毅等同应邀访华的印度尼西亚总统苏加诺兴致盎然地欣赏了这一画集，有当时留下的一张经典的图片为证。在1959年莱比锡国际图书艺术博览会上，这套书得到国际友人的一致好评，获得了金质奖章，可谓是为国家争得了荣誉。

后来看到《北京青年报》报道说，苏加诺这部藏画集的装帧设计人之一曹洁，就是苏州人。曹洁于1931年生于苏州书香门第，毕业于苏州美专，后调入新成立的人民美术出版社工作。

报道还称，此书"羊皮封面，图案由曹洁用毛笔绘制，手工刻制浮雕，代表了当时我国书籍工艺的最高水准"。她曾说："大家都说装帧是给他人作嫁衣，可是你要知道，这是嫁衣啊，你要做出最美的嫁衣才行！"

附录：

在日本淘旧书

2015年初夏，我与妻杜洋去日本探访各地博物馆藏姑苏版老版画情况，历时十日，当时作为日记写下了《日本十日行》，现摘选有关淘旧书的内容，作为小小的纪念。

6月15日 东京

住在东京塔附近。

上午与妻、友人蔡莹去酒店附近的"野菜店"用早餐。喝咖啡，吃汉堡。咖啡是小杯，水软，细甜，香气迷人，喝完后自己收杯子，有点自助性质。店内不大，有穿戴干净的白领和闲适的老人在店内用餐。秩序井然。

短暂停留后，我们在蔡莹的带领下，乘坐地铁出发去神保町。那是我心仪的地方，因为可以淘旧书。在地铁站里见到大镜子，中国古代所谓"正衣冠"，既是外表的，也是内心的，镜面干净，一尘不染，有人经过时会照一照。国内有这样的设置吗？有设立的吗？经过的人会去照一照吗？

在地铁站里见到了浮世绘店的广告，出站迎面就看到了售卖浮世绘作品的画店，店内有东洲斋写乐的作品。在这家不大的店里，我惊喜地见到了苏州版画院版画家

日本东京新宿旧书市场一景。

潘裕钰的作品，1982年的，标价是1000元人民币。妻与店主交流，主要是询问日本浮世绘木版的板材，答曰多用樱木雕刻，说硬度高，而且日本多产樱木。而国内多用梨木和枣木。店内的画作几万元和几千元（人民币）不等，说是精品也不为过，店主的服务尤其客气，可以喝茶，可以坐下来。后来又转到对面去一口气逛了山本书店、山田书店、泽口书店等，总觉得这样的时光是恍惚的。在东京闹市区，一条街上有那么多的旧书店，虽然事前做了功课，但还是忍不住要发一通感慨，要知道国内的旧书店已经渐渐式微了。

走进神保町的各家旧书店，可以发现，店内的书都很干净，摆放也比较整齐；即使是摆放在门口的露天书摊也不会使人感到是"破烂货"，似乎是给了旧书尊严。

日本把书分类得很详细，戏曲类、历史类、国学类、文学类、绘本类等等，还有的是以出版社或者具体类型分，一目了然，浏览起来省时省事，而且都是开架的，随便挑选。遇到老版本重新封塑的也可以请老板打开看看。有的书店备有饮料，还有舒服的沙发或是软椅座位，这一点国内的旧书店显然很少有做到的。

我在这里买了不少二十世纪六七十年代出版的书法

碑帖，版本、纸张、印刷都相当好，我怀疑当年张充和随傅汉思到日本淘宝日本出版的中国碑帖就是在这里。日本人对中国书法的热衷，促使各家出版社出版了很多类似的书籍，且有不少日本人研究和实践类的书出售，可惜用的是日文解析，需要翻译着看。

爱吃的我一直在寻找有关中国早期的食谱或是烹饪书。我发现民国早期，尤其是抗战之前，日本人比较重视研究中国的食物。我买到了民国时期出版的《中国料理》，东京割烹女学校出版部，秋穗敬子编，日本写作。在那一时期，日本人对中国民俗、美术、历史、文学、园林、政治、烹饪等都很是下功夫研究了一番。有一本《欢乐的中国》就有相关资料论述，封面亦雅，可惜我不会日文，只得放弃。

妻淘到了两本木刻版《本草图谱》，合计不过500元人民币。又买到《南画手法——竹》，二十世纪六十年代日本出版，编排雅致，只要50元。还有一本《顾若波南画样式》，1914年日本西东书房出版，价格有点小贵，但还是拿下了，顾若波是苏州人，精于山水小品，曾参与设计顾家怡园。此本设计也很精巧可爱，虽说高达4000元（人民币）但还是物有所值。大开本的画册，纸张舒

日本出版的《本草图谱》封面。

日本出版的《顾若波南画样式》封面。

我在日本东京神保町旧书店内购买旧书。

日本东京神保町旧书店内一景。

服，很适合作临摹。我还看到一本《中国闺房秘史》，封面极雅，透着神秘的古风，要知道这是日本人写于1929年的书，内容并非是真的讲闺房秘事。在简单的翻译之下，我以为书中讲的是中国古代女子的小历史，从日本人的视角来看中国女性的历史，也很新鲜，而且价格不过百元人民币。

又看到日本人的摄影集，大胆另类，如荒木经惟，远比在中国出版的好看。在最后一家山本书店，我看到了三大面墙的线装书，简直震撼到发呆。一排排看过去，多是清代和民国早期的版本。有中文有日文，有四书五经，有国学小雅之类的，也有诗词歌赋，文学、医术、图谱、绣像版等等，令人眼迷心醉。逛旧书市逛到心醉，沉入其间，恐怕还是第一次。真是舍不得走，老板任你看，根本不管你，其实各家卖书人都很客气和得体。书店内简朴清爽，每个书柜都有相关资料和名片备着。要什么书随时可以问，问完了不买也还是客气。

在神保町旧书一条街上，我看到午间休息时，有不少白领前来淘书，还有一些路过的老者和年轻学生，看书的人真多，而且很是认真。我看到一个女生，背着包，戴着白手套，一家家逛着找书，那种人与书的认真和真诚，真是使人动容。由此想到在地铁里见到的日本人，看书的仍是不少，小开本的那种，反倒看手机的很少。

在神保町买书耗时太多，但收获很大，由于身边有好友蔡莹做翻译，随时可以应付，否则买书肯定要多费周折。但心里犹存歉意，不敢耽搁时间太长，因为下午还要安排去另外地方。

恍然如梦，身体发飘，书，只有书才有这么神秘的力量吧？真是大好的旅程，在国内任何地方，具有如此古风的书店和卖书人、看书人似乎是绝迹了。

恋恋不舍，真的是恋恋不舍。离开神保町，既心疼钱，但又舍不得书。心里暗暗发誓接下来只看不买。再见神保町，再见，一定还会再见。

注：在接下来的行程中，我在日本的几天中先后经历了张充和女士去世，国内多家媒体要求采访。还有个人丢包事件，其中有新买的笔记本电脑（电脑中有书稿）及在日本期间几乎所有的备用金，因此心情不佳。但值得欣慰和惊喜的是，经过好友蔡莹的多方努力，终于找回了背包，所有物品都在。在广岛的那天，我在热闹的街区意外发现了几家旧书店。于是，"书瘾"又犯了。

6月20日。广岛，王舍城，佛教。人世轮回，海域之美。可惜海杜美术馆大修，关门中。站在山顶望向对面的山海，开阔而惬意，如诗如画，颜色对比，和谐之至。只想静静地看着，不言不语。

下山乘船去海对面的神社，其标志处实际上是立于海域的木制牌坊，朱红漆色，涨潮时大半截在水里，落潮时人可以走到近前。这片海域据说是日本一年一度的烟花大会的所在。听说某个朝代天皇的一个妃子在此长住，故事哀婉而凄美。海边可见古装武士，有小鹿漫步，

日本东京神保町旧书店内一景。

日本东京神保町旧书店内一景。

有穿着和服的女子款款而行，使人感觉到人与自然的关系，唯美，极致，但又是可以触摸的那种温情。海边一个垃圾箱也没有。高大的古松，微小的植物。晚上的海滩也有烤肉可以品尝。我喂了鹿，还拍到一只出生不久却独行山林的小鹿，深觉它勇敢而无惧，使人心存敬畏和爱护。

去广岛市区办理入住后，妻和蔡莹想去附近街市逛逛。我不想逛商场或衣服店，就近看到了几家旧书店，真是个绝佳的寄身之处。于喧嚣的广岛街头，看到有人在表演，唱啊跳的，还与下面的观众互动。和歌蛮好听的，但我顾不得欣赏，一头钻进了书店里淘旧书。

我买了日本人二十世纪七八十年代考察江南茶树的书，其中就有苏州的碧螺春茶园，还有关于中国茶盏茶器的书，听说中国宋代三个最好的茶盏都藏在日本，他们研究得很透。我还买了《中国风俗春秋》《古画真髓》《盛花瓶花合集》等，有昭和年代的，有明治时期的，日本人的排版和印刷真是舍得花工夫和用材料，颜色也很好看。有一本"国史画帖"之《大和樱》，昭和十一年版本，长约一尺，全本彩印。看其中的画作，像是描绘中国的古代故事，如《三国演义》《水浒传》等故事场景，画面瑰丽而形象，使人想进一步了解其中讲述的是什么传奇。后经过粗略翻译获知，这本已经出版了八十年的画册实际上是日本国内为应对明治维新时期剧变的一个历史产物，它所宣扬的很多日本古代史故事，其实都是为了保住日本固有的民族精神。正如书名所言"大和樱"，大和民族、樱花、武士道、无限忠勇等等，其中不少故事已经成为神话，这也是日本有意向外开疆拓土并侵犯他国的军国主义的前奏，因此这本书在近代史上也别有一种意义，虽然价格上千元人民币，我还是毫不犹豫地拿下来。

在旧书店的旁边还有新书店，我买到了一本日本出版的春画图册，因为其中有一幅中国明万历年间的《风流绝畅图》，据说是唐伯虎的作品，真是意外的收获。这一天是端午节，日本人不过此节的，我却是很快乐。

6月22日。东京新宿。从广岛飞回东京。早晨起来，蔡莹驾车载我们去机场，一路上山清水秀，民居优雅，一座座民居如嵌在山脚下的艺术品。家家户户种松，修剪造型有古意，氛围静美，可见当地居民的审美意趣。

山路弯绕，导航前行。广岛机场隐藏在山林里，广岛本身就是处于大森林里的一座新都，隐秘，自然，却又不失现代化。登机手续简单便捷，几分钟办完。坐在靠近机场前店窗前食用早餐，咖啡，鸡蛋，三明治。听人闲聊，看飞机起起落落，周围的绿映衬着现代的飞行器。候机时看看机场产品，多手工品，有图书，女性图书，设计雅致，时尚。又见一款马自达跑车，合人民币15万元。蔡莹把她的汽车停在机场停车场，然后把钥匙藏在车底某处，说让弟弟来取好了。如此信任日本的治安环境！几经转折，一路轨道交通，方便而快捷。原计

日本东京神保町旧书店一景。

划乘坐新干线，从广岛到东京是 5 小时，现在只需要一个多小时即到达。万米高空，听着耳机里的日文歌曲，看外面的白云蓝天。到达位于近海的羽田机场，我第一次来，看飞机从海边起飞降落，像是突然置身于空军基地。

到达新宿，人来人往，高楼大厦很多，大楼上多有时钟设置。年轻化，国际化，时尚化。行人匆匆的新宿地铁站附近的地下广场里，竟然开了超大的旧书市场，足比一个篮球场还要大。虽是临时的交易活动，被我撞

一位日本老人在日本东京神保町旧书店购买图书。

到便觉惊喜；而且又在搞促销活动，全都是老书旧书，画册和老画片也有不少。我看到现场买旧书的人真是不少，是怀旧使然，还是真心喜欢？东京人活在现代进程中，却有一种自觉的怀旧情结？年轻的，年老的，都在拎着筐寻找自己需要的旧书旧资料，像是在寻找属于自己的一个久违小物件，有的还很急切的样子，很有趣味。

妻淘到很多张老版画，说带回国送人，可谓手留余香。我淘到一些文学和美术类的书，芥川龙之介、夏目漱石、川端康成等小说家早期的小说版本，虽然我看不懂日文，但仍阻挡不了喜欢，小开本很是雅致。还淘到一些日本园林的旧影录，准备回来对照苏州园林研究。有一本东京国立博物馆1989年出版的展览画册，书名为《吉祥——中国美术的魅力》（妻帮我翻译的），日文英文说明，其中有中国商周时期的青铜器、宋元时期的瓷器、明清的书画等等，排版和印刷都堪称赞，就连勘误都很用心，几页错误就附上几页原样印刷的纸样。画册编排目录也是中国的传统意蕴，分别为：连年有余（莲花、水禽、鱼）、除去不祥（古代的吉祥纹样）、延年益寿（长生不老）、富贵荣华（牡丹花）、瓜瓞绵绵（子孙繁荣）、隐居乐道（岁寒三友、四君子）等等。其中有我喜欢的钱选的《牡丹图》、明代绢本的《草虫图》，以及明清时期的《马上封侯》《厚禄图》，还有恽寿平的花卉图册、任薰的《金鱼扇面》等等，都是令人心仪的画作。据了解，这些作品都是散落在日本各家博物馆、美术馆或是私人收藏机构的，这次是集中展览，画册厚厚的，三百多页，铜版纸彩印，编号发行，我花了不过一百元人民币就得到了，真是很划算。

……晚间，见到了好友蔡莹的丈夫小野先生，很瘦，但很精神，斯斯文文，身为一家赫赫有名的大企业

日本东京神保町旧书店区一景。

的中高层管理人员,下了班来见客人时手里还随身带着一本旧书,好像是夏目漱石的小开本小说,真是令人感叹东邻友人的爱读之情。小野先生只是腼腆地说,已经习惯了(阅读)。在小酒吧闲坐,和小野谈到日本园林,他也知道苏州园林,说日本的园林主要在京都,很多,不叫园林。我们共同说出了一个词:枯山水。

年画、版画书集藏雅韵

因为个人爱好的原因,我对版画类的小书收得颇多一些,中外兼有,不成系统,只能算是一种拾遗补缺。在这些版画书中,我把它们分为两类,一是年画类,一是古今版画类。

年画类我先从国内开始慢慢收集。王树村是研究中国年画的大家,他早期编著的《中国民间年画史图录》(上下册),上海人民美术出版社出版,精装本,布书脊,烫金字,1991年一版一印,首印5000册;上下两册厚达800多页,分开定价,上册22元,下册26元,这样的定价真是使人恍惚。用纸讲究,虽说全是黑白印刷,

苏州工艺美院桃花坞年画社保存的年画刻板。

却基本清晰还原了图样,可供创作和欣赏之用。此书内容也堪称全面,从汉代壁画、唐宋绘画,再到明清版画,直至年画概念的形成,可谓是一条漫长的历史河流。因为读王树村的年画论述,我还收到了一本《中国各地年画研究》,封面标明为"文物·考古专刊"第十九种民间工艺的第二号。出版机构为是香港的神州图书公司,印刷是在澳门进行,定价港币 20 元,出版时间是 1976 年 4 月,署名"著者王树村等"。封面是《蟾宫折桂》年画,扉页是《天师镇宅》年画。翻开内容才发现,这是一本选集,即选取在国内各家文化杂志上有关年画的论文编成一本合集,除了王树村的多篇文章外,还有徐静修、薄松年对杨柳青年画的调查,张仃对苏州桃花坞年画的调查,以及有关佛山年画、潍坊年画的调查报告等。其中还收录了苏州过云楼传人顾公硕对苏州年画的论述,这篇《苏州年画》刊登在1959年第二期的《文物》杂志;后来顾公硕还重新写作此文对前文中的一些观点进行了修订,可谓"知错即改",使人敬佩。这本册子的诸多论文都是珍贵的史料,唯一的缺点是配图印刷都不够清楚,有的甚至模糊在一起了。

相较而言,1956年出版的《美术》三月号有关年画的内容反倒更好一些。封面的彩画是传统年画《凤穿牡丹》,说明是"桌围"用途,其实这种图案也会作为缂丝、刺绣绘稿使用;图上有"万兴永"的字号,制作精美之至,可想这样的老版大多不存。这一期主题是"发扬民间年画的优良传统",开篇即王逊的《谈民间年画》,言之有物,可读性强,不知这位先生是否即后来与沈从文在历史博物馆同事的王逊先生?

本册中还有名家郁风的文章《向民间年画学习》,其中提及苏州年画的内容,读着很是亲切,还有张光宇的

《略谈民间年画的装饰性》、王树村的《木版年画的"三诀"》、力群的《论年画的形式问题》，都是值得一读的高深文章。杂志中插图部分的彩画印刷精美，主要有桃花坞、杨柳青、潍坊和贵州的年画，几幅新年画的印刷也是色彩丰富而绚丽，如今看来是颇有历史感和文献价值了。那些年画的说明人也都非常了得：李可染、李桦、张光宇等。值得注意的是，同期杂志中还配有苏联、意大利、德国等国的美术内容，其中波提切利的《维纳斯的诞生》在那个时代看起来真是新风扑面。这本杂志当时的定价是五角钱。

有关各地方的年画集，我收了杨柳青年画、绵竹年画、桃花坞年画等，多是现代作品，不值得一提。倒是有一位收藏名家的年画编著集值得说说，那就是书话名家、藏书大家阿英（钱杏邨）。他的女儿钱璎女士曾将父亲所藏的数百张精品年画捐献给苏州桃花坞年画博物馆，"八〇后"年画创作人员杜洋曾就此做过研究并写过论文。阿英不只是倾心于收藏，还投入大量精力研究和写作。《中国年画发展史略》，在中国近代年画研究史上具有重要的地位，很多论点可谓是开创性的，如年画的最初产生，可能是宋代宗教画家的副产品，因此后来我们

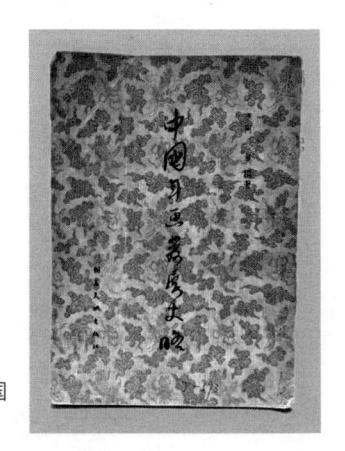

阿英的早期作品《中国年画发展史略》。

所罕见的明代版画也多为宗教题材。我收到的这本《中国年画发展史略》是朝华美术出版社于1954年出版的，首印5000册，定价"30000"元，看上去肯定吓一跳，据说那时候一万元就相当于一元钱，主要因为通货膨胀。但以当时一个人月工资十几元的水平看，这定价仍是不菲。这本书的设计、制作和印刷都值得称道，封面为传统丝织品图案，上缀有祥云、蝴蝶、吉祥八宝等，造型古典雅致；内文图片占了一大半比例，无论黑白还是彩印都很清晰，用纸讲究，还做了拉页设计，以尽可能还原图像。阿英在书中详述了中国年画的形成历史，从六朝时期到唐宋，再到明清，及至1949年后的新年画种

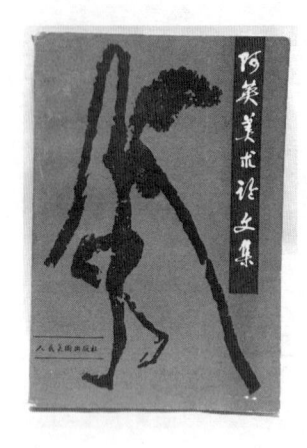

阿英著《阿英美术论文集》。

种，阿英以个人收藏和所见年画品类，做了系统的追溯和归类，使人看完后基本可以理清中国年画的发展脉络。我把这本书拿给阿英的女儿钱璎女士签名时，她一看，说你这书缺了几页，我有一本被某某人借走了，你去取来研究，就说是我说的。钱璎老人对我说了几次，我却始终没去，老人家还很着急地说，那你这缺了几页怎么办？不愧是为苏州工艺美术和戏剧艺术做了大贡献的文化人士，处处为后辈的研究着想，使人动容。还好我后来又买到了一部全本。由此再说说另外一本《阿英美术论文集》，人民美术出版社于1982年出版，首印6200册，定价1元1角5分钱。图文并茂，封面图片为南阳汉画的部分截图，一位细腰女子着舞衣翩翩起舞，婀娜多姿，令人遐想万千。其中几篇关于年画的论文，如《〈杨柳青红楼梦年画集〉序》《漫谈初期报刊的年画和日历》《清末的反帝年画》《年画的叫卖》等等，尤其是关于年画的叫卖，很有趣味，在此照录一首：

> 打开画箱，献过两张，水墨丹青老渔翁，老渔翁朵哈哈笑，赤脚蓬头戴箬帽，手里拿之大白条，鳞眼勿动还为跳。笔法玲珑手段高，苏杭城里算头挑，扬州城里算好老。

这个集子里还收录了阿英有关漫画、连环画、窗花等艺术文论，大部分发表于二十世纪四五十年代，此书收有黄苗子的后记，其中提及："阿英同志对于被过去文人所忽视的民间剪纸、窗花，在解放初便加以重视，他亲去拜访老艺人，一面宣扬他们的艺术成就，一面帮助他们推陈出新。本集所收的关于王老赏的窗花艺术，正是那个时期的作品。有长远传统的天津杨柳青木版年画，也正是阿英同志在五十年代初主持天津文化局工作的时期，开始得到保存和整理、革新的。"由此可知，阿英对于苏州桃花坞年画、天津杨柳青年画的保存和恢复都是大有功劳的。对于阿英的这些书,苏州王稼句先生曾致力于再版,"都不用怎么动,文图都有了",确是如此。

在阿英的年画研究中,曾多次提及鲁迅的相关文论:"当革命时,版画之用最广,虽极匆忙,顷刻能办"……"因为革命所需要,有宣传、教化、装饰和普及,所以这时代,版画——木刻、石版、插画、装饰画、蚀铜版就非常发达了。"

论起年画的写作,恐怕较早关注这类题材的要算是鲁迅和郑振铎了。我曾收集过鲁迅有关年画和版画的零碎感言,深觉他是喜欢传统文化的,如鲁迅在《狗·猫·鼠》里就提到了年画内容:"我的床前就帖着两张花纸,一是'八戒招赘',满纸长嘴大耳,我以为不甚雅观;别的一张'老鼠成亲'却可爱,自新郎、新妇以至傧相、宾客、执事,没有一个不是尖腮细腿,像煞读书人的,但穿的都是红衫绿裤。我想,能举办这样大仪式的,一定只有我所喜欢的那些隐鼠。现在是粗俗了,在路上遇见人类的迎娶仪仗,也不过当作性交的广告看,不甚留心;但那时的想看'老鼠成亲'的仪式,却极其神往,即使像海昌蒋氏似的连拜三夜,怕也未必会看得心烦。正月十四的夜,是我不肯轻易便睡,等候它们的仪仗从床下出来的夜。然而仍然只看见几个光着身子的隐鼠在地面游行,不像正在办着喜事。直到我熬不住了,快快睡去,一睁眼已经天明,到了灯节了。"文中提及的猪八戒招赘即有年画《猪八戒背媳妇》《高老庄收八戒》,有关老鼠嫁娶的年画也有不少,可见鲁迅的童年还是年画比较时兴的时期,在周作人的笔下也常有类似的记录。这也难怪在鲁迅的绍兴故居里布置有传统年画。

鲁迅的字为"豫才",据说其祖籍为河南,鲁迅在给版画家的信中曾点评过河南的年画:"朱仙镇的木版年画很好,雕刻的线条粗健有力,和其他地方的不同,不是细巧雕琢。这些木刻很朴实,不涂脂粉,人物也没有媚态,颜色很浓重,有乡土味,具有北方木版年画的独有特色。"

鲁迅后来自己收藏年画和古版画,还曾与郑振铎合作编辑出版过版画集,据说还很畅销,以致好友台静农都要找他开后门购买。郑振铎早年收藏的古版画中有不少是年画题材,为此他曾撰文指出,木刻年画是一个好的传统,应该要坚持保存下来,"木刻画是一门艺术,它是会永存、永生的"。

郑振铎早期编著的版画书价格一本比一本高，买不起，只能买现代版的，《中国版画史图录》，大开本，5 册，精装，布面，2012 年中国书店出版，定价 1800 元，可以说是把中国版画的代表作囊括其中，我最喜欢的是里面的明代插图和笺谱集合，十竹斋彩印笺谱，虽不及木刻印刷之立体，却也是够赏心悦目了。

再说回年画，我发现所收的年画书集港澳台之大成，台湾地区于 1987 年出过一本《苏州传统版画台湾收藏展》，全本铜版纸，印制精美。根据介绍，这次展览是在台北市立美术馆进行的，主要展示的是晚清时期的苏州年画，其中以老字号"王荣兴"的为主，分为吉祥字图类、春牛图类、岁朝吉庆类、假借字音类、仕女娃娃类、神仙图像类、风俗时事类、小说故事类、葫芦问类、花果走兽类等十类，共有八十余幅作品。这本集子还收录了中日专家的论文，如樋口弘、成濑不二雄、潘元石、庄伯和等人对于苏州年画的研究心得，都是较为优秀的文献。值得一说的是，这本书是中英文对照，可以说是对外介绍苏州年画的一本好书。

澳门艺术博物馆于 2011 年出过一本《流光瑞影——中国木版年画》，大开本，全彩印，线装，只印了 600

本，封面为河北武强年画《狮子滚绣球》，一派喜气祥瑞。这次展览的作品主要是中央美院薄松年教授捐赠的百余件年画作品，展览那一年，正好是薄松年八十大寿。薄松年的序言为《驱邪降幅，彩画迎春》，其中提及："进入现代社会以来，由于生活条件和习俗的变化，年画艺术由辉煌走向式微，但其历史和艺术价值却突出地显示出来，并被定为非物质文化遗产受到保护和抢救。……大家在欣赏中定会感到新春的欢愉，并引发对中国民间艺术的兴趣和关注。"

在我所收的年画中，还有几本值得推介。如冯骥才主持编纂的《中国木版年画集成》，一共22册，蔚为壮观，可以说是把中国年画一网打尽了。我最为喜欢的是三山陵主编的日本藏品卷，日本的三山陵女士长期关注并倾心于中国木版画的历史和发展，写过很多具有开创性的论文，我在日本和国内曾与她见过几次，谦虚、和蔼、真诚，对中国年画的感情可以说不亚于中国的从业人士，希望三山陵女士的研究成果能够早日在中国开花、结果。

《桃花坞木版年画》主题之类的书出了不少，我收的这本书作者是刘汝醴、罗卡子，1961年9月初版首印

2500册，定价二元，上海人民美术出版社出版。插图有44页，彩印部分印制清晰典雅，可见此书的制作用心。刘汝醴为画家、美术史论家，江苏人，曾师从徐悲鸿。罗尗子毕业于国立杭州艺术专科学校国画系，后师从潘天寿，画艺和理论俱佳，两人搭档解读桃花坞年画艺术，可谓得心应手，前者以史论入手，后者则侧重于技法特征，其中的少数插图应该是第一次出版，如贺野画的《贸易街》，还有《仕女》《兰铜钵》《戏剧广告》（昆剧《渔家乐》）、《西洋剧场图》等。我收到的这本上盖有"郑州大学图书馆"公章，是该校1962年的藏书，从中原到江南，可以说这本桃花坞年画集也算是"回家"了。

戏曲是年画的常用题材。《老戏曲年画》，上海画报出版社于1999年出版，张道一先生选编，内容丰富。《中国民间木刻版画》，湖南美术出版社于1990年出版，吕胜中先生编著。两本书都各有侧重，贴近民间、民俗和戏曲，编印都很好。

《中国民间年画史论集》，1991年版，作者王树村是中国年画研究的重要学者，出版过很多有关年画的著作，可以说是填补了中国美术史的一些空白。此书文图俱佳，其中有《鲁迅与年画的收集和研究》，颇有史料价值，同

早期出版的《桃花坞木版年画》封面。

《中国民间木刻版画》封面。

时还列出了《鲁迅收藏年画目》,其中有四川绵竹、河南开封、上海石印等年画,值得一一追溯浏览。

出于历史和习俗原因,中国早期的年画作品大部分被藏于海外,尤其是近邻日本居多,它们被分散藏于日本博物馆、美术馆和个人收藏家之手。2015年夏,我与妻杜洋为了商借藏品回国,曾先后去了东京、神户、京都、广岛等地的收藏机构,从而有机会收到了几本有关中国年画的出版物。

《中国明清时代的版画》是位于奈良的大和文华馆出的一本集子,1972年出版,当时只印刷1500册,定价为250日元。其中收录了苏州桃花坞在清早期和中期的很多年画作品,也就是著名的"姑苏版",如《姑苏万年桥》《姑苏石湖图》《瓶花图》《三美人图》《百子图》《西厢记图》《姑苏名园狮子林》等等。并有明清时期的风俗画,如仇英、改琦、郎世宁、焦秉贞等人的画作。同时还收录了日本画家对中国画作的摹仿作品,而且作品也是中国风景,颇为有趣。遗憾的是这本集子图画太小,无法看到细节。到了2015年大和文华馆又出了一本展览集《苏州的梦——明清时代的都市绘画》,这本书可谓弥补了前面的缺陷,其中不少中国文人画都印制精美,几

日本1972年出版的展览画册《中国明清时代的版画》。

日本早期出版的展览画册《苏州的梦》。

幅"姑苏版"也是清晰逼真，大为过瘾。

东广岛的海杜美术馆（原名王舍城美术馆）是我和妻曾拜访过的一站，其中收藏了数百幅中国古版画，美术馆坐落于山上，面朝大海，风景大美，翻译成中文就是"看见大海的美术馆"。这个集子是1986年即开馆五周年时的展览集，名为《苏州版画——清代市井艺术》。封面为"连中三元"的木刻年画，其中收录有清中期的"姑苏版"，如《姑苏阊门图》《福字图》《三百六十行图》《瑶池献寿》等等，印制精美。只是其中的文章如《苏州

日本出版的《苏州版画》封面。

版画》《苏州的美人版画》《苏州版画之民间信仰》等都是日文，需要翻译之后才能彻底解读。

东京町田市立国际版画美术馆位于一片密林深处，环境幽静，设计别致，我和妻前去拜访的时候，看到不少人在此写生。流水潺潺而出，坐下来安静地听着水声，心里顿时静谧了。该馆的研究员村濑可奈送给我一本《中国的洋风画展》，是该馆在1995年进行展览时出的一本合集，厚达500多页，其中对藏于日本各地场馆和个人收藏的苏州年画进行了集中展览，这本集子里的彩印部分极为清晰。除此之外，还有藏于日本的中国明清时期的绘画和插画，以及西方制作的有关中国题材的写实铜版画，都是非常珍贵的艺术品和史料。

爱屋及乌，因为喜欢年画的缘故，我对版画书，尤其是木版画也是格外喜欢。遇到此类心仪的书也常常会决然拿下。如早年受鲁迅推崇的苏联版画家凯绥·珂勒惠支的版画集，我收到的是1950年鲁迅编选的版本；如《中国古代版画百图》（1984年人民美术出版社出版）、《日本人民版画集》（1951年出版，首印3000册，定价一万四千元）。

说到日本的版画，我想起了在日本收到的两本《本草图谱》，上盖印章"大正五年收藏"，即1916年。另一本盖有"大雅堂文库印"。查这套书应该出版于1916年，一共有95册，我得的是"水草部"和"湿草部"。打开书页，插图笔法细腻，刻印精美而立体，有饾版的效果，颜色艳而不俗，真是喜欢，虽然价格不菲，还是决定拿下。书里有作者的姓名，"灌园岩崎常正"，灌园是岩崎的号，岩崎是江户时期的植物学者和画家，热衷于李时珍笔下的《本草纲目》，于是随时研究绘图成册。

由于对吉祥图腾和纹样的喜欢，我对这类书也是见

2015年夏，日本东京町田市立国际版画美术馆研究员村濑可奈（右）向中国版画家杜洋赠送《中国的洋风画展》（后为翻译蔡莹）。

日本出版的《〈中国的洋风画〉展》书中的苏州清中期版画《姑苏万年桥》。

日本出版的《〈中国的洋风画〉展》封面。

着即收。如日本人野崎诚近的著作《中国吉祥图案》，台湾众文图书股份有限公司于1978年出版。后查发现，这是一本再版书，首版于1928年，当时应该是日文出版，书中有段祺瑞等人的题跋，段祺瑞写的是"入国问俗"。作者野崎诚近是在中国居住长达二十年的商人，对于中国吉祥文化痴迷，遂投入研究，这位热爱中国文化的日本商人在自序中以"群盲评古"比喻个人研究，他希望这本书能给日本人理解中国带来一些帮助。日本著名美术评论家正木直彦在题序中指出："此书可谓授我国民与中国人交往之密钥，盖我国民与中国人接触最广交往最深。"应该说，日本不少传统图案承袭了中国的传统，因此这些吉祥图案于日本民众一定是不陌生的，相信出

日本早期出版的《盛花瓶华图集》封面。

英国伦敦大学早期出版的中国古代版画集《财神》封面。

后效果一定不错。

中国台湾地区的著名民俗专家郭立诚女士为此再版书作序时不禁感慨:"日本人于其所著的吉祥图案题解,搜罗图案相当丰富,解释也没有太大错误,叫身为中国人的我看了,内心真是百感交集,一则惭愧这本是中国人自己该做的事,我们自己没做,却是外国人先做了;二则看到别人研究我们若大若山之事,无不全力以赴,才有这样的成绩,我们除了急起直追,没有第二句话好讲。"对于此说,我表示赞成。

有关传统工艺美术的书,我还推荐几本:《苏州彩画》,1959年上海人民美术出版社出版,其中收录的多是苏州忠王府的建筑彩画,是苏式彩画的代表作;《张永寿剪纸》,虽是二十世纪八十年代的再版书,但印制非常精美,收录了扬州剪纸大师张永寿先生的《百菊图》和《百蝶恋花图》。《山东曹县戏曲纸扎艺术》,潘鲁生编,

早期出版、郭沫若题签的《张永寿剪纸》封面。

早期出版、郭沫若题签的《张永寿剪纸》内页。

重庆出版社出版，是"中国民间美术丛书"中的一本，书中收录的纸扎作品可谓惟妙惟肖，各有特色。纸扎艺术说是民间美术长期被忽视的一种也未必过分，毕竟大众是对此有所忌讳的。孔子曾说"未知生，焉知死"，其实倒过来想想也或许是一条思路。富有戏剧性的是，这本书是我在苏州旧书店文学山房买的，时间为2014年8月19日，拿回来一看，竟然是苏州版画艺术家凌君武先生的书，扉页有他1989年的签名，还有他的素描作品。买时我并未发现，拿回来与友人说起不禁惊诧，凌君武

215

卢平复刻的版画集《剑侠传图册》封面。

卢平复刻的版画集《剑侠传图册》内页。

先生于2014年1月才刚离世,他的书竟在随后即被处理了一部分。凌君武先生是国内著名版画家,尤其是在木刻水印界,可谓别具一格,也是独树一帜,版画界公认他是富有天才的,也是极其用功和用心的。他曾数年"窝"在唐伯虎旧宅桃花庵用功木版水印,成果卓著。凌君武先生曾从事苏州桃花坞年画创作,园林、昆曲、美人、植物等,都获得过一定的好评。他离世前还在担任桃花坞木刻年画博物馆负责人的职务,我曾随他到访天津杨柳青年画基地,与天津方面达成共识,要共同复兴

"南桃北柳"的盛况。令人遗憾的是,他的那个伟大设想恐怕只能是个遗憾了,当然,我依然乐观地认为,年画会再热闹点,木版画也会慢慢地走向大众。只是,一切还需要时间。读书也是这样,看似读的是书,其实也在读着书外的故事,譬如我能在万千书店和旧书堆里买到凌君武的书——人与人是有缘的,而书与人也是有缘的。

江辛眉赠诗朱季海

丁酉新春,我在上海文庙旧书冷摊闲逛,于一堆乱糟糟的故纸堆里偶然瞥见了"赠朱季海"的字样,顿时留心。从层层叠压的乱纸里小心地抽出来字迹满满一大张纸,既非宣纸,也非毛笔书写,但笔迹认真,粗读一下,是五言诗。

是谁赠诗给苏州的一代名家朱季海先生呢?由于之前曾与老先生有过接触,便很感兴趣。

再细看,这张是八十年代用的一种近似透明的复印纸,纸张很脆,钢笔字迹,蓝色墨水,有不少地方已经破了洞,落款处为江辛眉,亦是知名的诗词大家。看日

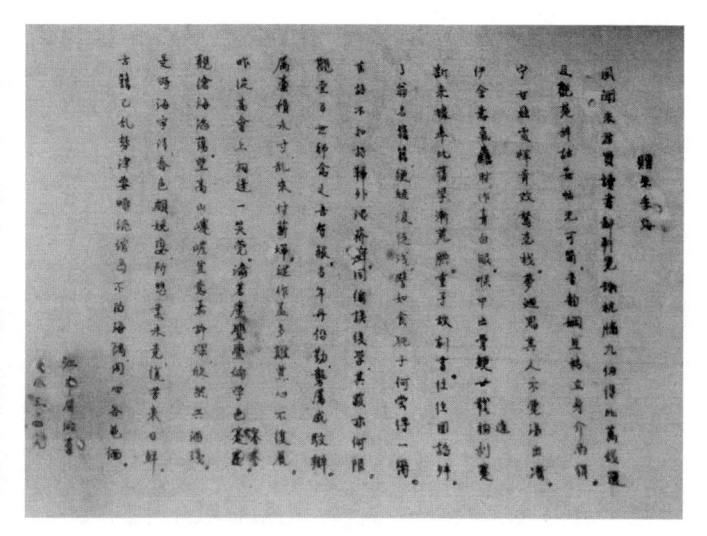

江辛眉写给朱季海的诗录。

期为 1983 年 4 月 9 日,也是几十年的旧物了。与摊主论价,看上去一摊子乱糟糟的旧纸,对方喊起价格来并不心软,几番论价后终于拿下来。带回苏州后,特请江澄波老先生帮忙修补破洞处,老先生品读纸上五言诗时还顺带着讲述了他与朱季海先生早年交往的趣事种种。在帮我免费修补后老先生还不忘叮嘱我说这种纸墨不能装裱,因为不能沾水,最好装个镜框。在与江先生辨认江辛眉的诗作时,发现其中用典颇多,且个别字由于洇墨辨认不易，但大部分还是能读出来的，全文十三首五言句充满了对朱季海先生学识和为人的敬佩，借古喻今，形象贴切。

江辛眉出生于浙江嘉兴，八岁丧父，自幼随母携幼弟流落生活，备尝艰辛。他幼年即师从名家学习诗词古文，1939年入无锡国学专修学校，得名师王蘧常、钱仲联指授，国学基础甚厚。曾与同学结诗社于上海，唱和一时。业人评价江辛眉的诗作出语颖异，格律整严，冯其庸先生尊称其为学长，并称赞其诗文创作"超超乎当世之一流"。江辛眉一生执教，先后任教于中国人民大学、上海师范学院历史系等。著有《唐宋诗的管见》《读韩蠡解》《诗经中的修辞格举隅》等。

有学生回忆江辛眉上课，说他"上课时手执卡片数张，掌故、典故滔滔不绝，风趣幽默，妙语连珠，深受同学们的喜爱，将一门艰深的学科以通俗易懂的方式吸引众多学子"。如此看来，江辛眉与朱季海当是志趣相投的。

江辛眉的诗文开篇即有："夙闻朱君贤，读书鄙轩冕。余杭墙九仞，得此万钱选。及观楚辞诂，妥帖无可简。音韵娴且精，立身介而猏。"

从诗中可见江辛眉先生对于朱季海学术专业的了解，训诂学那是朱先生的本业，直接得益于一代大家章太炎的教诲，章太炎来自余杭，但却是在苏州开门授业，由此才与朱季海先生结成师生缘分。江辛眉在诗中提及《楚辞》，不禁想起了朱季海的代表作《楚辞解故》，朱先生从校勘、文字、音韵、训诂、谣俗、名物等诸多方面，做了精湛且极富创见的探索，此书一版再版，甚至因其深奥难解，被称为"学界天书"。

从诗中看，江辛眉对朱先生的性格也颇为了解，狷介、不羁、君子不器、自由操守等，甘守清贫之道，不做无谓的功名之思，是真正的隐士。江辛眉在此处还借用阮籍的《大人先生传》中典故称颂朱先生的高洁德行，自称"梦回思其人，不觉涕出溍"。

从江辛眉一生经历看，颇多坎坷，且过早逝世，令人叹息，但他对于国学和诗词的坚持却是自始至终的，在很多学生中留下了深刻的印象。而朱季海一生洒脱之外，也不免会有令人忧虞之处，欣慰的是其家人给予的极大包容之心，使得老先生生活无虞。对于学术，朱先生也是一生追索，始终不渝。江辛眉诗中言："新来据皋比，旧学惭荒腆。重寻故训书，往往困讹舛。了翁名籍籍，绠短汲徒浅。譬如食猰子，何尝得一脔？"应是对朱先生的为学有所赞吧？

从诗中可知，江辛眉与朱季海两位先生应该有过茶酒之交，只是不知详情："昨从高会上，相逢一笑莞。沦茗尘亹亹，伦学色蹇蹇。观沧海滔荡，望高山巉嶒，岂意嘉许深，欣然共酒浅。"

面对纷乱尘世，江辛眉于朱季海颇多同情、感慨和共勉之词："属稿积未寸，乱来付薪爋。述作盖多难，蕉心不复展。……所思业未竟，复苦来日鲜。"最后江辛眉以"古籍已乱棼，津要畴统绾。曷不留海隅，同心各黾勉"结束诗文，可见共同的斯文之心。

偶读沪上才子陆灏先生主编的"海豚书馆"中的江辛眉著《校雠蒙拾》，才知道这门冷僻的学科论著，曾在一个时期填补国内不少高校之所缺。查资料知江辛眉于1986年去世，距离写作此诗文不过三年样子，可窥知当时的心境一斑。世事沧桑，不觉江辛眉已去三十余年，朱季海也已驾鹤而去五年余，若是有另外世界，两位学人必有诗酒交集，论茗畅饮，再叙江南旧事。

第四辑　字纸有灵

谁为张充和刻了印章

张充和一直以来所使用的一枚个人名字私章总注明闻一多刻。但是偶然读到《天行山鬼印蜕——魏建功印谱》（中国书店2001年）之后才发现，这枚印章作者可能另有其人。

魏建功，人称天行山鬼，天行是字，山鬼是号。江苏海安人，早年毕业于北京大学中国文学系，先后在北大、燕大、辅仁、中法、西南联大等大学任教，当代著名语言文字学家。抗战全面爆发后，魏建功随北大团队迁移到昆明，在西南联大蒙自分校任教。在云南期间，魏建功热心参与文艺团体，办夜校、组织诗社、办曲会

张充和常用的印章很像是出自魏建功的手笔。

魏建功为沈从文刻制的印章。

等等,由此结交了很多的同道中人。也正是在云南执教期间,喜欢并精于篆刻的魏建功,当时为陈寅恪和郑天挺分别刻杖一支相赠,用料是市面上出售的白藤手杖,说是直径约有寸余。后来在郑天挺的启发下,魏建功试着以这种藤面治印,"其断面略似桃形而多棕眼,颇为别致有趣"。身处西南僻地,本就物质匮乏,正好有此上好自然之物,又何必非鸡血田黄?

魏建功一发而不可收拾,一年间刻藤印近八十方,大多赠予了亲友们。

1939年7月7日,为七七事变纪念日,西南联大举行书法义卖，魏建功以藤印义卖，大受欢迎，原定刻100方，结果一再增加刻了117方，所得款项全部捐献给了抗日前线。这其中就有不少文化人士争相前来请天行山鬼镌刻名章、闲章、藏书章等，如冰心、吴讷孙、郑毅生、张佛泉、李晓宇、江泽涵等等，从而留存在《义卖藤印印存》中。在这本《印存》中就有张充和的那枚章草印章。《张充和诗书画选》中提及这枚印章注明的刻印人为"闻一多"。《天涯晚笛》书中则记录张充和口述："这枚章子，还是闻一多给我刻的。"书中还有详细描述："我接过了老人手上的印章。果真，远看是一种玉质的黄润，掂在手里，才知道是一小截轻细却坚硬的圆藤。印章上，是章草字体的'张充和'三字，似乎还带着先贤的手泽余温。"同时书中还记录了张充和仍记得这枚印章用料是云南特有的一种黄藤。可见张充和这枚印章的确是黄藤所刻，只是刻者仍是存疑。对此，我查了一些资料，偶尔拜读到上海书法篆刻家管继平先生的文章《天行山鬼的藤印》，其中从字体上，刻印风格上，以及个人创作经历上等等方面推理，从而认为这枚章应该是魏建功所刻："圆形印，藤材质一截，章草体张充和三字……所有对该印的描述，皆高度吻合了魏建功印谱中所存的这枚印作,尤其是以章草书体入印。我们知道,印章通常用篆体,章草少见,而章草正是魏建功擅长的书体,闻一多写章草则似乎闻所未闻。"

就在这本《印存》里,我还惊喜地发现了陶光的两枚印章,一朱文"重华",一白文"陶光",尤其是朱文圆形印章,其章草笔法与张充和的那枚印章极为相像。陶光与张充和因为昆曲的缘故,相识很早,到了云南时期仍旧在一起拍曲,从汪曾祺和张宗和的文中能够感受到陶光对张充和的爱慕。后来陶光去了台湾还与张充和保持着联系。如果没有猜错的话,陶光的这两枚印章是与张充和一起从义卖现场所得。

这本《天行山鬼印蜕——魏建功印谱》还收有魏建功为沈从文刻的印章,白文,篆体,刀法复古而细腻,且自有曼妙笔法,使人不禁想起冰心在很多年后对魏建功治印的评价:"魏先生是文字学大师,他的治印不拘一体,富于书卷气。"这可能是很多文人学者喜欢找"天行山鬼"刻印的原因所在。

追念姑苏同轩老人

1936年春,叶圣陶携全家从上海麦加里迁回苏州滚绣坊青石弄3号不久,他的好友、作家王统照受邀前来做客。

这次来访,两人畅游古城园林、太湖东西山,"常惜深谈易歇"是叶圣陶后来的感慨。美妙的姑苏之旅后,王统照写作了《古刹》《清话》等散文,叶圣陶也有专著附和。在西山,王统照站在来鹤亭下,俯瞰太湖、节烈祠和石公寺,微风吹来,湖面涟漪,伴有花香。"千古华亭鹤自飞",王统照脱口吟出苏轼的名句。此时的姑苏,尚没有感受到侵华日军的威胁。

四年后，即 1940 年早春，身陷孤岛上海的王统照创作了经典小说《华亭鹤》。小说的主人公朱老仙，重"气节"和"行己有耻"，崇尚道德高洁，一如鹤的品质。偏偏他留洋的儿子在城市陷落后，进入伪政府就任官员。他试图改变，但不起作用。"我一辈子——我能说，从十五岁起吧，竖起脊梁活到现在！有死的那天，我不会再折弯了。"面对私德和公德，朱老仙选择了自杀。临死前，他给儿子留下了遗言："为君垂涕君知否，千古华亭鹤自飞。"美国斯坦福大学历史学博士傅葆石研究说，"华亭鹤"暗指东晋诗人陆机。他的忠诚变成了道德正义的寓言。"因而这位隐居老人的自杀所代表的是消极的抗议之声。"陆机在吴亡后入晋，后为成都王司马颖所杀，临刑前叹息"华亭鹤唳，岂可闻乎"。

亡国之痛，切肤之痛。

写作此篇后，王统照从此拒绝社会参与，离群索居。这部作品也成为沦陷中"灰色上海"的众多不合作作家的群体思想代表。

傅葆石在《灰色上海》一书里，多方论证《华亭鹤》的朱老仙就是苏州的老艺术家同轩老人。王统照与"同轩老人"是多年的故交。1939 年，在日本占领苏州后，同轩老人服毒自杀了。

但傅葆石并未给出这位艺术家的真实姓名。王统照也只是以"同轩老人"指称。1932年秋,同轩老人与王统照在异地相遇,分外高兴。每晚都有深谈。"他那时已是五十岁的老人,论年纪、所学,以及环境,俱与我不同。但他有艺术的素养(从十四岁习画写诗,老来愈为勤奋)与心情的肫笃,思想的明睿,却与我成了忘年之交。他原是极穷困的寒士出身,幼时受他人的救养,到中年,方能成立家业,在小学中学授画;研究中医法,虽受人敦请,除少数礼物外,向不要金钱报酬。他的绘画自以仿古者为多,但人物取法唐人佛像及明末的老莲,讲究线条,设色,绝不以轻快谐俗为则;尤长工细虫鸟,勾勒花卉,生鲜明丽,不易多见(他自五十岁后因目光不适便轻易不画细笔画了)。"

民国早期,王统照曾与茅盾、郑振铎、叶圣陶等人在北平创办了文学研究会,倡导"为人生"的文学,支持文化美学和社会批评,泰戈尔访华时,他还担任其翻译。他的作品充满着浪漫的爱和自然的美,尤其擅长记录大历史事件下小人物的悲欢和纠结。

王统照十几岁时就与同轩老人相识,后来老人的儿子随他在大学上课，老人以传统师道礼待王统照，还多次赠王统照画作，并常有书信来往。

在王统照眼里，同轩老人耿直热烈，对人对己"清介"，生活清苦，没有非分之财，"看去不免有些迂气，而的确是旧社会的纯德君子，没一点名士习气"。

自从抗日战争全面爆发后，两人就很少通信了，上海及周边血战正酣时，王统照收到了老人的最后一封信，其中有名言："素贫贱行乎贫贱，素患难行乎患难，某从事斯语矣。"从这句孔子言，王统照以为，同轩老人已有了自尽的决意。

他衣食无忧，且身体有病，本该安心休养。但他眼看着自己身处的城市变成了另外一个世界，"亲友四散，中心痛苦，勉强生活，希望着不久可以重见变化"。"但经过年余，那座孤城仍然如旧，或因耳闻眼见的种种使他忍耐不下，遂于去年秋季的某日服毒自尽。"同轩老人自杀后，其家人急请医生抢救，但因服毒过多，不治。

乱世之中，故交自杀，王统照悲痛不已，"我对这位老人，尊敬他比痛念他的心更为真切。论责任，论家庭生活，一切他都无死法，但他究竟在那样地方找到精神上的解脱，对得起自心，对得起他的性格，与平生正义感的素养"。"仙鹤归来——城郭是人民非,这光景你我全看到了!虽听不见鹤唳,然而满眼不祥,听与不听一样!"这是《华亭鹤》里朱老仙的"遗言"。傅葆石说:"朱老仙是一个倔强的老人,他不再是年轻时的那个文化反叛者,沦陷时期他沉湎关注自我的存在方式。在道德上,他反感周遭腐朽的社会,所以满足于生活的沉思,在友谊和古典诗歌中寻找安慰。他的气节观念与其说是一种行动,不如说是一种主张。"

所谓"行己有耻",所谓"所爱有甚于生者",这位老画家真能从容履行这两句古训的精义。王统照还认为,同轩老人的去世,是"沉默中的坚实和伟大","是一个有历史有文化的社会的要素"。

忽然想起了王统照那年来苏州的感慨:"何况所谓苏州向来是士大夫的出产地:明末的党社人物,与清代的状元、宰相,固有多少不同,然而属于尊孔读经的主流确实一样,现在呢?……仕宦阶级与田主身份同做了时代的没落者?"

算起来,这位同轩老人已经去世 70 多年了,而中日的关系依旧微妙。笔者曾多方查找这位可敬老人的真实身份,寻访了苏州画家劳思、昆曲名家顾笃璜、文化人士江澄波等人,可惜没人知道内情。

　　同轩老人,一生寂寂无名,却已被写进了中国文学史。这位老画家,无意中成为激励着众多特殊时期中国作家的原型人物。他的真实姓名已经不再重要,他的倔强和不屈,已经隐含在那曲《华亭鹤》里,他代表着中国人的良心和底线。单单这一点,就值得纪念。

《百年袁家》与苏州

一直觉得，袁世凯一生与苏州有着不小的渊源。袁世凯的三女儿袁静雪说，袁世凯在上海的时候，大概二十多岁左右，完全看不到什么前途。"那时候，他一个人住在旅店里，感到寂寞，就去逛妓院，由此结识了一个苏州籍的名妓沈氏。这就是他后来所娶的大姨太太。"后来沈氏自己出钱赎身，搬出妓院，并力劝袁世凯出去努力功名，不要相负。袁世凯发迹后，果然娶了沈氏做大夫人，并将其他房的儿子袁克文过继到她名下。

在国家博物馆就职的王碧蓉女士近日寄来新书《百年袁家》(广西师范大学出版社)，给出了准确答案，说袁世凯大夫人沈氏，生于江苏崇明，的确为青楼女子，并确曾资助袁世凯盘缠，鼓励他打拼天下，最终夫妻团圆。

后来，袁家与苏州的关系仍在第二代、第三代身上延续着。《百年袁家》里说，袁世凯的六儿媳陈徵即江苏巡抚陈启泰的独生女，夫即为袁克桓。我查了下，陈启泰是从1907年到1909年在苏州任职巡抚的，他在江苏任上，最大的贡献是容忍立宪派成立谘议局，这是民选的代表民意的机构，在中国是前所未有的新事物。还有苏州御医曹沧洲也是经陈启泰保荐，得以入京为光绪帝诊病。陈启泰还重视地方儒家，并设立有存古学堂。看王碧蓉在书中提及，陈徵随父在江苏就任时只有六七岁，但家里没让她裹足。出嫁时嫁妆足足有一个火车专列，连陪嫁丫鬟的衣物用品都有了。"陈徵富态贤淑，慈眉善目，贵气天成"，一生享福，但在"文革"期间"跑路"回到江苏避难多日。

读民国旧报知袁克定有三个女儿嫁到江南，其中两个嫁到了苏州。其中次女袁慧泉嫁到了苏州费家。袁慧泉之女费莹如说，定亲日为1925年12月26日，由于家里很宠爱这位掌上明珠，一直舍不得，致晚嫁，且嫁妆丰厚，从桃花坞排到了拙政园，足足有几里路。费家名士费仲深，曾为袁世凯幕僚，与袁克定为连襟，就结为亲家，袁慧泉嫁给费家次子费巩。新房在桃花坞，即被称为桃坞别院的唐寅故居。抗战后，费家被迫离苏，身为浙江大学名教授的费巩随校西迁，把妻子、孩子、母亲留在了上海。临行前，费巩为妻子安排好了每天的日程，还为她请了画家教授画艺。从此，"六个女人一个家"，袁大小姐逐渐变卖嫁妆过渡生活。但最终迎来的却是费巩"失踪"的噩耗。1949年后，周恩来特许照顾费巩家属，给予"教授待遇"，后来政府还追认费巩为革命烈士。袁慧泉在上海居委会当起了妇女会主任，过着几近隐居的生活。

再读旧报，说袁克定长女嫁了锡山薛家，三女嫁给了苏州天官坊陆家；又说办礼当天，很是低调，唯恐引起苏州人士之注意，主婚人为袁克定，门外有公安局人士维持秩序。联想到费仲深曾在旧报"更正"观点，说小报称儿媳"洪宪公主"，很不合适，因为双方结婚时，离"洪宪皇帝"已经十年有余了。

袁世凯与苏州的关联还有一层，名宿张一麐曾是其机要秘书，两人关系极其笃定，王碧蓉书里提及，袁世凯取消帝制的文稿即是张所起草，袁对他说："我真糊涂，没有听你的话，以至于此。今欲下撤销帝制令，非你起草不可。"张说："这全是总统受小人的蒙蔽。"袁："全是我自己不好，不能怪别人。"

此话倒是道出了袁世凯的真性情。《百年袁家》引述袁氏后人话说，袁世凯坐下时腰直、腿垂直，从来不跷二郎腿。七子袁克齐说："父亲不好古玩，他常说'古玩有什么稀罕，将来我用的东西都是古玩'。"

类似这样的家庭细节书里还有很多，王碧蓉作为国家博物馆的研究人员，用"脚"写作历史，跑了很多城市，跨越袁家后裔所在的国家，理清了袁氏四代人的支支脉脉，他们的经历、现状、所思，以及与袁世凯之间不可割裂的关系，形象细微地描绘出一段百年家国史。袁世凯已去世近百年，我们的史观不该只停留在"胜王败寇"。袁世凯五个孙女在书中感叹："我们之所以支持编写这本书，也是想通过袁家四代百年的感受，道出社会的变迁与进步，能让后代懂得坚持什么、选择什么、信守什么、珍惜什么。"

袁家后代人才辈出，最后再说一位与苏州有关系的，华裔美国物理学家、袁世凯次子袁克文之子袁家骝，其夫人即"东方居里夫人"吴健雄,正是出生在苏州太仓浏河镇。微妙的是,当年袁世凯就任临时大总统,独揽大权,党同伐异,吴健雄父亲吴仲裔曾积极参加反袁斗争,据说吴健雄"伟岸"的名字也与那段历史有关。

羞怯之人的写作
——从孙小宁的《印心》说起

"羞怯的人还要写作,这似乎是一件矛盾的事。"这是作家孙小宁新著《印心》里的一句话,在读的时候眼前浮现的即是一位羞怯的女士,在公共场合的角落与人说话会脸红,会不敢直视对方的眼睛,甚至会有些词不达意。你很难想象,这位女士曾经远赴北极及数不清的国度,且又在京城一家报社供职。按说她的年历和经历都足以让她在人群中游刃有余,但她始终做不到,这么多年了还是做不到。这就是她,文字淡淡的,如佛堂外院落的清荷;句子疏疏的,像是云南山下的燕麦陇趄;标题怯怯的,如即将出阁女子的突然大悟,令人缱绻,

孙小宁的多种著作封面。

令人温柔地陷入其中。

之前就读过小宁的随笔录,还有一本她与台湾禅者林谷芳的对谈。林谷芳属于世外的,一位真正的禅者,身体力行,但也不拘一格,两人的对谈观点悬殊,像是一座奇妙的中古式建筑,令人难忘。这次小宁的《印心》序言即出自林谷芳之手:"小宁写电影,与一般评论不同,总有生命的观照……"什么是观照?这个词的出现令人眼前一亮。似乎人与人的关系倏忽被拉近了,原来人与人之间是有"捷径"可走的,这捷径即在"用心"二字。小宁所观照的不只电影,还有文学、历史、舞蹈等等，在她看似羞怯的性格之内，实际上有一个宏阔的软性世界。

《经典的"危险关系"》《比爱更复杂的疆界》《孤独的美食何以欢愉》《苦，就能免罪？》《犹疑而不确信的力量》《山川异域，风月同天》《羞愧的三十三颗牙齿》《树凋叶落时如何》《如果这是一次告别》……喜欢这种情绪大于故事的小题目。小宁喜欢看电影，据说一天能看好几部，而且她看过的片子常常不是热门的，甚至是冷门的，她总是善于从那些冷门的影片中解读出隐秘的幽微的人性。《欲饮之茶，饮尽之沙》里，小宁从三毛到撒哈拉沙漠，再到影片《沙漠之茶》，再引申到影片《成为约翰·马尔科维奇》，讲述的是寻常夫妻的感情，却又是别样的方式叙述："沙漠、旷野，天地玄黄，唯此二人，那本该是电影中最浪漫唯美的一幕，但他们的激情竟然没有高潮。……两具激情燃烧的身体，在交合中慢慢冷却，灵魂越离越远，终至分离。他们共同的眼神里写的，就是这种虚无。"后来小宁又去追索影片的原版小说，读之更有新解，沙漠里到底有什么，让文明的人一次次深入进去探索？无法解释的东西，都可以归为命运。读了小宁的解读，无须再去按图索骥了，悬念尽在眼前，但一切已经释然。

小宁喜欢日本文化，电影、出版物、风物、园林等等，涉猎极广，她解读日本艺术家的角度和联想能力极强，有一次她在书店看到新藤兼人的一本书《100岁的人生方式》，"二话没说就拿下，这种如遇故人的冲动，甚至让我果决地不再买其他"。她解读这位导演的无词影片《裸岛》真是用心，大年三十看的片子，"浓浓的年气也似乎被这酷悍的大自然逼退，全场屏息，注目并礼赞再怎么都要坚忍地活下去的生存意志力"。东邻诸多优秀影片，能遇到小宁这样的观众真是幸运，她给予了影片第二层意义，并以中国人的视角再次解构，无疑是丰富的而又极有蕴意的。

"不正常，是世间最正常的事情。"再读毛姆，小宁有着别样的感悟："心境到了，茶就出味了。"羞怯的毛姆如何克服写作的矛盾，就是不断地处于旅行当中。这样的类似想法让小宁深有感悟，"旅行让人的身份变得模糊，与陌生人的交往也相对变得轻松"。看小宁在北极日志中写道，旅友的真正了解是在第十二天，很是奇妙，记得我曾与一众友人一路自驾直到进入塔克拉玛干沙漠，正好是十二天，那种生死之交，至今难忘。喜欢小宁此书结尾的一句话:"有一人,虽在途中不离家舍。"对于我这样常年在外的"迁徙的人"来说,真是再合适不过了。

(《印心》,孙小宁著,商务印书馆2016年3月版)

初见陆文夫

近期读到叶弥老师的《忆陆文夫先生》，开头几句话就把我看难过了："陆文夫老师去世后，头三个清明节，我都去他墓前送花。送到第三次，我在他墓前说，送了三次花了，可以了吧？路上过来不方便，以后不来了啊。"坦诚不过如此，叶弥老师对待去世的先生一如生前。

文中还提到了一件不是太愉快的小事，说的是叶弥有一次学开车，认识了几个有钱"富婆"，由此便写出了小说《城市里的露珠》，写金钱，写欲望，也写绝望。发表后被陆文夫看到，他严肃地问叶弥：你在什么地方搞来这个素材？还说要开一个会讨论讨论这个小说。叶弥却说，"你们讨论好了，我不参加"。当然会没开成，但是很多年后叶弥体会到那个作品的草率、游戏和轻浅，"没有真正经过灵魂"。总之叶弥还是得回头去感谢陆先生的高见。

由着这个"高见"，我突然想到了我在很久前去拜访陆文夫的情景，具体时间我记不起了，没想到《陆文夫年谱》里倒是帮我记载着："2000年5月12日"。

我印象深刻的是那一年我到苏州除了去苏州大学采访外，第一个拜访的就是陆文夫先生。先生谈得最多的当然是文学，那时他就谈到了文学的品格、意趣和本质，他毫不客气地批评了当时所谓的"美女作家""另类文学"以及各种热炒和恶炒，看得出来他是在捍卫文学本质的美学。虽然当时一再说闲聊聊，但是我回去后还是发表了一篇《陆文夫说：文学作品也应让市场检验》，随后人民网全文转载发布。当然，对于文化产品，陆先生也有着自己的主见，当听说南京准备拍一部叫《秦淮八艳》的电视剧并遭到各界抨击时，他就没有全盘否决，他认为，"《秦淮八艳》好不好，南京人不应该先作批评，这只能怪南京人自己，为什么不搞高品位的东西占领受众呢？毕竟文化市场是有竞争性的，只要市场允许它存在，它就可生存"。

当时我还问陆老，接下来有什么写作计划，陆老介绍说："人不是写作机器，现在有许多媒体都给我发稿约，包括你们《人民日报》的《大地》副刊，但是自己精力有限，所以，以后不准备再建立新关系，有灵感和想法就写些小散文什么的，大作品暂时还没有计划呢。"不过，当时陆老还是向我透露，下一步他准备写一部现实主义的作品，并且是自己亲身经历，深刻了解的，时间、空间是从30年代至今，地点也不完全是在苏州，因为他老家是泰兴。只是好像后来没能见到这部大作品。

记得当年拜访陆文夫先生时，他已是72岁高龄，仍旧任职中国作家协会副主席，他创办的《苏州杂志》已是第11个年头，还在茁壮成长。陆先生当时对我说，在江苏，也许只有苏州和南京才能办这种纯文学的杂志，毕竟苏州有着很大的文化内涵可以挖掘，南京也有许多特色文化可以支撑起来，其他城市好像办不起来。当时他鼓励我为杂志写点稿子，我说不敢写啊，他说试试看嘛。结果至今我都没有为《苏州杂志》写过稿子，感觉很是对不起陆老先生，他当时还送给我《苏州杂志》十

2000年，作者与陆文夫的合影。

周年的签名合订本，至今是我书房的珍藏之物。

说了这么多，突然发现我还没有说说对陆文夫先生的初见印象。我记得当时陪我去的是苏州大学学生会一位女同学陆小雯，青春、阳光、可爱，她自告奋勇说带我去见陆先生。她带着我兜兜转转进入小巷子，突然就来到了门前，一处临河的小院落，墙上清净素雅，挂的是几幅画家杨明义的江南山水，淡雅极了。陆先生英俊、帅气，言谈举止不逊于英国绅士，我记得他个头颇高，双手插在裤袋里，和我们随意地在院子里走走，说说闲话，儒雅极了，根本看不出来是古稀之年的老人。我印象中那位女同学一直是仰视似的看着陆先生，来回的路上她也说了不少陆先生的逸闻趣事,很令人开心。

时至今日我想起陆文夫先生时,眼前始终是那个瘦高、儒雅、帅气的样子。说话不疾不徐,语言温和而准确,说理对事不对人的谦谦君子形象,话音犹在耳边。后来我又去拜访过先生,那时单位策划一个纪念改革开放三十周年的专题报道要重点推出。陆先生被认为是受邓小平领导的影响得到平反的一位知识分子,有着鲜明的代表性。可是当我再去陆府时,突然感觉那条巷子更窄了,那个院落更小了,我们如约进屋,来到二楼,陆老坐着,始终没起来,我看着他生生把自己吓了一跳。陆老太憔悴了,更瘦了,消瘦,双眼都有点凹了,声音很低,但是依旧儒雅、温和,友好之至。他说坐,坐下来说说话,不要采访,不要发稿。我乖乖地轻轻坐下来,亲眼证实了陆老先生患上肺气肿的事实,心中黯然。在这之前我还得悉陆老经受了生活的其他磨难,更加黯然。我记得那天就连楼上的光线都很暗,以致我最后始终没能记住陆老的表情,但我记得他的声音,君子之音,谦逊而有礼。我回去之后,一个字都没有发表。

一直到2007年,陆文夫先生去世。报道此事理所当然地落在我身上。那年的7月,我从陆府到了殡仪馆。

"姑苏小巷失文夫,东吴大地哭赤子。"2007年7月13日上午,社会各界人士冒雨赶到苏州市殡仪馆,送别著名作家陆文夫。我记得作家范小青当时在追悼会上说,文学是陆文夫生命中很重要的东西。"我记忆很深的是,上世纪九十年代末,他创作了一部长篇小说《人之窝》,写到后半部分时,身体已经很差了,他是趴在键盘上写的。因为呼吸困难,所以,他整个人只能弓着腰,一只手撑着头,他就是用这种姿势写完了小说。他这种用生命去对待写作的精神,让人印象很深。"

这些年我落户在苏州,连续再读了陆文夫先生的著作,更是深刻了解他对苏州的热情和钟爱。作为一个异乡人,在这里找到了真正的故乡,这是他的幸事,恐怕也是苏州的幸事。别的不说,一部《美食家》为苏州做了多大的"广告",可谓名扬海内外,苏州的面,苏州的点心,苏州的菜式,顿时都充满了文学的意蕴,它们全都从灶台上升到了"形而上"。我多次和香港学者、美食家郑培凯谈及此,他自承也是受惠者之一。而台湾另一美食家逯耀东(民国时期吴县县长之子)更是按图索骥再回苏州吃朱自治那碗"头汤面",只可惜当他慕名找到陆文夫先生一起坐下来吃顿饭时,陆老竟然说了这样一句话:"世道变得太快,没什么可吃的了。"这话在很多年前听来似乎不能理解,只是今日,在快餐流行、高速列车飞驰、食品安全广受关注的当下,这难道不是一句睿智的预言吗?

叶弥老师说陆文夫先生是个乌托邦。的确如此,清风明月,他的形象总是这样淡淡的,清清的,以至于后来听很多人谈起来他也是这样富有乌托邦的意象。

前段时间和王稼句先生聊天,说到陆文夫出版的《美食家》版本,还是"古吴轩"那本夹板带丝带的好,雅致而古朴,是苏州的味道,也是陆文夫的文风。王稼句顿时来了精神,说那书是他给出的,周晨操刀设计,书出来后赶紧送给陆老,因为那时候陆老在医院里快不行了,这应该是他(陆文夫)最后见到的一本书,他用眼神和点头表示了满意。一别便是永诀。王稼句说他可能还是陆文夫生前见的最后一个人了,说的时候很是激动。他永远记得陆先生的眼睛,因为他很少看到病人有这么清澈明亮的眼睛。他这样说的时候,我眼前一下子就跳出来最初见到陆先生时他的那双矍铄的大眼睛,真像一对启明星。

饥饿年代的"马语者"

2001年,我欲随南京探险者陈建国单车穿越新疆塔克拉玛干大沙漠,途经宁夏,受到诸多探险者的热情招待,他们问我想去哪里看看,我说想去看看南京老乡张贤亮。那时,《大话西游》正火热,西部影视城也正起步,拍摄影视剧的,旅游观光的,取经的,络绎不绝,看过了大漠如烟,看够了塞上江南,看好了真戏假作,唯一遗憾的是没有见到主人张贤亮。我们顺利穿过了大沙漠,一晃十几年过去了,每当想起那些大沙漠,就会忆起张贤亮,想起那些古堡,那些旌旗,那些骆驼,还有那些炯炯的马匹。有时候读张贤亮的书,会觉得他真像一匹马，一个孤独而不寂寞的马语者，他生在饥饿年代，却浑身散发着丰腴的野性，他的文字，总是那么的不羁。

1. 流浪者

这几年，盱眙很热门，那是出于小龙虾的缘故。我有一位盱眙的友人，说起家乡名人，说除了朱元璋的爷爷葬在此地成就明祖陵外，就是张贤亮。

实际上张贤亮生在南京，盱眙是祖籍。张贤亮是读书人的后代，祖父、外祖父都是读书的种子。张贤亮父亲早期留学美国，后来做了国民党的官，新旧政权交替之际死在狱中。张贤亮出生在1936年的12月，没多久就遭遇了南京沦陷，全家逃离，躲过了大屠杀。

1954年，张贤亮在北京读完高中，次年就到了宁夏。那时的银川市只有七八万人，相当于一个镇，连条柏油马路也没有。后来张贤亮在作品《男人的风格》中用几句顺口溜就概括了宁夏的首府银川市："一个公园两只猴，一条大街两座楼，一个警察看两头，一辆公交慢悠悠，一家饭馆尽卖粥……"

"两座楼"指百货大楼和邮电大楼，邮电大楼仅四层，百货大楼外观三层其实是两层。"设计师后来跟我同在一个劳改队，因为他设计的一层楼竟有一层半高，当地人们不理解百货商场需要宽敞空间，为啥把三层搞成两层？罪名就定成'浪费国家财产'。"

这是1957年的事，张贤亮的罪名是"反党反社会"，他的一首《大风歌》遭到了猛烈的批判。从此开始了22年的"被抓被放"的罪路。其间他曾逃跑过，因为见过太多饿死的人。但在甘肃宁夏交界的一个偏僻山村，他亲眼看到一对躺在炕上的老人脚下的铁锅里，煮着一个刚出生的死婴，"令我当场把胆汁都呕吐出来"。10天后，他返回了。管教干部带着嘲讽的口气笑着说："回来啦？饿得受不了了吧！进去吧！""他领我到灶房喝了一碗残汤，那真是美味呀，我把碗舔得洁净如洗。"

张贤亮于1979年9月获彻底平反。那一年我才两岁，至今无法体验他所叙述的那种极致的"饥饿"。但是他的作品可以帮助我们诠释：

"饥饿，远远比他手中的鞭子厉害，早已把怜悯与同情从人们心中驱赶得一干二净。"

这是张贤亮的代表作《绿化树》。

流浪者张贤亮，如同一匹瘦马开始在大漠里挣扎。

2. 灵与肉

张贤亮的大红大紫应该说与电影《牧马人》不无关系，那是他颇具代表性的小说《灵与肉》的产物。这部作品在当年引起的争议可想而知，但我更喜欢其中细腻的白描：

> 他哭了。狭窄的马槽夹着他的身躯，正像生活从四面八方在压迫他一样。先是被父亲遗弃，母亲死了。舅舅把母亲所有的东西都卷走，单单撇下了他……他成了被所有的人都遗弃了的人，流放到这个偏僻的农场来劳教。
>
> 一匹马吃完了面前的干草，顺着马槽向他这边挪动过来。它尽着缰绳所能达到的距离，把嘴伸到他头边。他感到一股温暖的鼻息喷在他的脸上。他看见一匹棕色马掀动着肥厚的嘴唇在他头边寻找槽底的稻粒。一会儿，棕色马也发现了他。但它并不惊惧，反而侧过头来用湿漉漉的鼻子嗅他的头，用软乎乎的嘴唇擦他的脸。这样抚慰使他的心颤抖了。他突然抱着长长的、瘦骨嶙峋的马头痛哭失声，把眼泪抹在它棕色的鬃毛上。然

后,他跪爬在马槽里,拼命地把槽底的稻粒扒在一起,堆在棕色马面前。

其中不乏张贤亮的影子,他在写马,在孤独绝望的时候,马成为他唯一的朋友,或许,那马,就是他。

世人皆知张贤亮描写大胆露骨,但是否看到他露骨里的温情,以及类似中国古典画里的悲悯。试读《男人的一半是女人》的一节:

她在洗澡。

她也不敢到排水沟中间去,两脚踩着岸边的一团水草,挥动着滚圆的胳臂,用窝成勺子状的手掌撩起水洒在自己的脖子上、肩膀上、胸脯上、腰上,小腹上……她整个身躯丰满圆润,每一个部位都显示出有韧性、有力度的柔软。阳光从两堵绿色的高墙中间直射下来,她的肌肤像绷紧的绸缎似的给人一种舒适的滑爽感和半透明的丝质感。尤其是她不停地抖动着的两肩和不停地颤动着的乳房,更闪耀着晶莹而温暖的光泽。而在高耸的乳房下面,是两弯迷人的阴影。

她的皮肤并不太白,而是一种偏白的乳黄色,因此却更显得具有张合力和毫无矫饰的自然美。为了撩水,她上身有力地一起一伏,宛如一只嬉戏着的海豚,凌空勾出一个个舒展优美的动作。水浇在她身上任何一个部位时,她就用手掌使劲地在那个部位揉搓,于是,她全身的活力都洋溢了出来。同时,在被凉水突然一激之下,又在面庞上荡漾出孩子般的欢欣。

张贤亮是在写性情,但那只是一种载体,他手下的笔如同健硕的马,腾空跃起,他想站得更高,看得更远,他想告诉你真相:

世上万千生物活过又死去,有的自觉,有的不自觉,但都追求着可笑的长生或永恒。而实际上,所有的生物都获得了永恒,哪怕它只在世上存在过一秒钟。那一秒钟里便有永恒。我并不想去追求虚无缥缈的永恒。永恒,已经存在于我的生命中了。

与其说他大胆,不如说他真诚。

3. 牧马人

2004年,张贤亮主动辞去了宁夏文联主席一职,他说想全身心投入镇北堡西部影视城事业中,他有一个响亮的口号:"中国电影从这里走向世界"。无数的明星来到这里拍戏,这里也成就了无数的影视剧,单单一部周星驰的《大话西游》就足够耀眼,张贤亮曾说:"我就住在'爱你一万年'的花园旁边,仅隔一道墙。"

何况还有一部《牧马人》。

张贤亮身上有一股野性,马的野性。他是作家圈里最早下海并独自创业的。正如他在《男人的一半是女人》里写道:"我还发觉,文明的功能主要不在于指导自己的行为而在于解释自己的行为。我没有做那件事,我能够很合理地把自己的形象想象得很高大。可是我如果做了那件事,我也同样能够合理地解释它,不但会原谅自己,简直还会认为那是强者的行为。"

谁会想到他能在荒凉、沉寂、毫无生命迹象的贺兰山下再造出一片天?他的再造源于他的智慧和理想主义。那是马的本性。

诚如"牧马人"许灵均的生活,张贤亮曾经拥有优越的一切，但很快都被时代掠走了，时代甚至变本加厉地掠夺他。最后他只剩下了马，皎皎月色下，他躺在冰冷的马槽里；前途绝望之际，他紧紧地拥抱着马头，独自抽泣。

绝处逢生，或许也是马的运气。茫茫草原里，多少人省下口粮"救济"他这个"大右派"，一位美丽的姑娘就因为"他们说你不是坏人"，就把自己一生交给了他。两个人，一碗粥，却品味出了天上人间的幸福。

> 阳光直射着我，光芒好似穿进了我的肺腑，又好像是我在金色的光中浮起，离开了这喧闹的尘世。我趁我获得了这种心境，一种坦然的出世的心境，赶紧一跃而起，奋笔疾书。我知道，如果再过一会儿，说不定我又会改变我这个主意。

犹记得《马语者》里的小姑娘格蕾丝最终战胜了悲观与绝望，她重新跃上了马背。

那位由朱时茂扮演的牧马人，毅然放弃了来自美国的父爱，一跃上马，向着太阳，扬鞭而去。

总觉得张贤亮身上具有马的不安分，他写作写成了大家，办影视城办成了大腕，练书法练成了大雅，做人更是做成了大气。在所有对他的采访中，基本看不到他对时代的抱怨，对人情的讥讽，就连说到他的个人私情绯闻，他都一笑而过："就这样，好不好？谢谢你。"

张贤亮曾说过："我是中国第一个写性的，第一个写饥饿的，第一个写城市改革的，第一个写中学生早恋的，第一个写劳改队的……"

其实张贤亮还有一部先锋作品，描写当代知识分子的尴尬和悲剧，就是后来被改编成电影的《黑炮事件》：仅仅因为一枚棋子，就掀起了"蝴蝶效应"，知识分子赵书信遭到了无休止的质疑和调查，赵平时任劳任怨、鞠躬尽瘁，组织上无论是批评还是肯定，他始终对之感恩，当事件最终证明是冤枉了他时，他竟然说出了"我以后再也不下棋了"的可怜话来。评论家指出，"赵书信作为一个非常可信的中国知识分子的形象，为中国电影画廊增添了新的人物典型"。张贤亮写的是悲剧，但他用的是啼笑皆非的黑色幽默，让人想笑，却一不小心笑出了泪。

张贤亮经历过中国最饥饿的时代，他写道："兰州比劳改队还饿，兰州站几千个要饭的。一个40多岁的男人拉着一个女娃娃，见人就问'你要不要'。"但是那个时候的男人饿到没力气支撑欲望,张贤亮说他哭了。

很少有人知道,张贤亮的父亲是进士,官至知府,母亲出身名门,毕业于燕京大学并赴美深造。张贤亮在塞外劳改时,这位美丽的知识女性在家乡以手工编织挣点家用,"文革"中致病,没多久就在一间旧屋里孤独而去。尸骨不存,只留下一张笑容可掬的照片。那笑里,分明让人看到了泪。

在这个物欲横流的时代,物质饥饿显然不存在了,但精神饥饿仍然不是小面积存在。张贤亮描写的饥饿显示不仅仅是肉体上,也不仅仅是精神上,还有灵魂深处的。

饥饿的时候,不妨再读读他的话:"人在爱的时候,依然是孤独的,不同的是,没有惧怕。"

百年锐思周有光：老藤椅，慢慢摇

因为写作《流动的斯文》一书采访著名语言文字学家、经济学家周有光老先生，前后去周家拜访了六次，最近一次是在 2015 年 7 月 29 日。周有光老先生已是 110 岁高龄，但依旧精神矍铄、口齿清楚，交谈之中对于自己住院治疗的经历并不忌讳，侃侃而谈，甚至有点"视死如归"的平静和坦然。周老的豁达和开朗，再一次促动我写下这几次的拜访经历和见闻，期待还原一位可亲可爱、渊博、睿智的人瑞学者。

1. "流水式"的爱恋

2013年1月23日,我第一次走进了位于北京后拐棒胡同周有光老先生的书房,此时,周有光先生刚过108岁生日不久,书房不大,甚至只能算是窄室,墙壁旧旧的,书橱也不大,更令我意外和惊喜的是周老的精神。原以为已届茶寿的人瑞,多半不是躺在床上,就是言语不清楚了。但周老先生精神大好,双目有神,安坐在略显逼仄的书房里,有条不紊地接待着一拨又一拨的"朝圣者"。

见面后,他知我来自苏州,开门见山即问:听说苏州新恢复了一条河道啊?还在清淤?算起来,老先生居住在苏州时还是七八十年前的事情了,在他的印象里,南园和乌鹊桥弄还是荒芜一片,是菜园子、花农、清水河流、简陋的舍房、疏落有致的临水民居。他恐怕想都想不到如今那里已经变成了什么模样。

老先生坦然面对,"早期时,曾有比利时首相访问中国,特地向周恩来总理提出要去看看苏州,看看江南水乡,但一去看了,连说不像了,不像了"。讲述时老先生一脸的笑意,到底是哪里不像了呢?河道不像了,脏了,

结婚照(一九三三年四月三十日)。照片背面是沈从文写的"张家二姐作新娘,从文"。

周有光与张允和的结婚照。

被填埋了不少；城市面貌变了，房子多了，楼高了，地方拥挤了。这是发展的必然，老先生说，不只是苏州这样，全国各个城市都是这个形势。北京也是的，你看原来的北河沿、南河沿、南池子都是有河道景观的，后来慢慢填掉了很多，只剩下地名了。接着老先生的话，我向他介绍，新恢复的河道在昆曲博物馆门口，叫中张家巷河，还没有完全打通，现在苏州正在全面治理河道脏臭，情况正在好转。只是令我不解的是，恢复河道的这条新闻不过是三四天的新闻，老爷子是如何得知的？后来看到周老的一句名言：闻道，这是最好的抗衰老良药。顿时释然。

周老之所以关心苏州的河道恢复，可能是因为他曾定居在苏州河道边，新婚住房就在苏州的乌鹊桥弄。抬头看书房里周有光与夫人——张家二小姐张允和的读书图，不禁让人想起了两人非一般浪漫的"流水式爱情"。周有光与张允和认识缘于周有光的妹妹在张家私立乐益女中就学，周有光渐渐与张家孩子来往，并帮着编印张家内刊《水》。

但是周有光与张允和的恋爱也并未顺理成章，他们在苏州时没有确定恋爱关系，两人先后到了上海就学仍未确定，后来两人又先后到了杭州就学和工作时才开始书信来往，至此才算得渐渐趋向感情方面。

主动致信的是周有光，尽管他事后回忆说好像是一封规矩的捎带东西的信件，但张允和收到时却是敏感非常，回信时也是郑重其事。从初恋到热恋，再到谈婚论嫁，都是缓缓的流水，因此张允和说他们的爱情不像现在的"冲击式"，没有大风大浪，有的只是细水长流。

可是到了谈婚论嫁时，周有光却踌躇起来，因为与显赫的张家相反，家境没落的周家在经济上几乎没有任何优势。周有光在想了许久后，给张允和写了封信说："我很穷，恐怕不能给你幸福。"但性格明快的张允和马上回了一封写满十几页纸的信，热烈而坚定地告诉周有光"幸福是要自己去创造"。

就这样，通过张家四妹张充和的"作媒"引见，周有光求婚成功，在上海迎娶了张允和。后来回到苏州，新房就在乌鹊桥弄。当我拿出乌鹊桥弄、锦帆弄一带的实景照片给周老看时，他马上就发现了问题，"河道都没有了，变成马路了"。周老说，锦帆弄这个地方就是因为有河道，可以行船，现在都是马路了怎么叫锦帆弄呢？

对于江南一带的城市曾兴起的"填河运动"周老颇

觉遗憾，因此对于河道恢复他也很关心，希望水乡原貌再现。在他心里，还惦记着昔日临河的爱情居所，而他更早期的常州祖居也是临河而建的，或许这样的原生态才是他心里的故乡和往昔。

2. 提到语言学据理以争

周老是语言学家，话题自然离不开专业。有一次说到苏州话时，周老说，清朝时，京城大人家都流行雇苏州保姆，为什么呢？就因为苏州话，虽说苏州话不是官话，但在交流和作文中很重要，一些文艺作品也多含有苏州话，所以这些人家都想让孩子早点学好苏州话。

可见语言学走的是"实用主义"。当然也是此一时彼一时。周老特地给我讲了一个笑话，说二十世纪五十年代初，北京一位农民把自己的儿子送到城里去读书，过了半年回来讲起了普通话，农民大骂儿子忘本，说你小子才进了两天城，就忘了娘老子！

对于语言学，周老自有主张。有一次我去时正巧遇到一位公众学者与周有光展开"辩论"，来者问周老要不要在幼儿园废除英语教育，因为幼儿学习英语太早了，

作者与周有光在北京周家书房合影。

中国人似乎没必要在幼儿园就学这个。

周老则坚持己见,他说小孩学英语不影响学其他的东西,干吗要废掉呢?他说现在连国外任何一个普通产品都是外文标识在上面,我们干吗要废除掉呢,要以应用为主。他觉得英文应该从小开始学习,即使高考不再考英语,但他还是觉得有必要学和用。他现身说法,说我们家有一个亲戚的孩子,外孙,三岁到我这边来,我教他ABCDE,他几天就学会26个字母了,很简单嘛。周有光说他当年考上海圣约翰大学,考了一个星期,有五天是考英语的,所以后来出国考察学习以及看英文书就很容易了。

接着周老又以他参与的一项语言学实验为例说明。联合国里早期是以法语为主的,"一战"之后,1922年举行华盛顿会议。美国对法国有礼貌地说:"在华盛顿开会,可否同时用英语?"法国不好意思回答"不"。这一答应,改变了国际的语言形势。从此,英语成为联合国的主要语言。况且联合国总部设立在美国的纽约,无意中扩大了英语的影响。同时美国借着两次大战之后的契机,美国人员和物资大量输入战胜国和战败国,并带去了美国技术和美国英语,英文的飞速普及成为必然。当然,国际通用语不是一成不变的,以前从法语变为英语,今后英语也可能被别的语言所代替。但是任何一种语言要想代替英语必须有对等的有利条件,这不是一旦一夕所能达到的。

周老又举例说明,说法国有一个总统语言委员会,来华推广法语,他们的负责人到中国来,"我当时在中国文字改革委员会,由我接待。法国人问我:'中国能不能采用法语做第一外国语?假如拿法语做第一外国语,法国会给你们很大一笔钱。'我怎么回答?我说中国人学外语是自愿选择,没有第一外国语、第二外国语的。当时南京大学在国外很有名,但南京大学只有英文系,没有法文系,此人希望在南京大学成立法文系,由法方出钱。我说这个好办。我认得南京大学一个法文教授,帮忙写了介绍信。后来南京大学就成立了法语系,大概搞了十年,搞不下去,法语系没了。很少人愿意学法语,因为学了法语不学英语找不到工作"。

周有光出生于常州,长在苏州,学在上海,属于地道的江南人。二十世纪八十年代初期,有关方面组织"吴语普通话"听力教材。就让周老来录音,但周老说自己听了自己的录音后,感觉是浓重的常州土腔,实在难听!

张允和是合肥人,久居京城,乡音难更,周有光称她的普通话是"半精(北京)半肥(合肥)",又说自己的普通话是"南腔北调"。改革开放初期,在全国政协的小组会上,竺可桢先生用他的浙江普通话发言,土音浓重,大家听不懂,喊周有光当翻译。

说到连襟沈从文的湖南普通话,周老说他实在是听不懂,有一次他对沈从文夫人张兆和说,"从文的话我有两成听不懂",张兆和答曰:"我只有一成听不懂!"

由于各地方言不同,推广普通话就成为必然:"1958年,成立推广普通话工作委员会,陈毅当主任,我也是成员。别人笑话我们说,你们自己也不会说普通话,还推广。但话可不能这么讲,先要有标准,才能学好普通话。"

3. 长寿之道与玫瑰腐乳

从 2014 年下半年到 2015 年上半年,周有光老先生曾遭遇几次病袭,住院几次,甚至出现过"病危",但最终还是化险为夷,现在安心在家休养。保姆向我介绍说,又是肺炎又是胃出血的,就是个年轻人也吃不消,肯定需要一段时间的调养。但是出现在我们面前的周老,依旧精神,双目有神,说话时条理清晰,滔滔不绝。只是说到自己的身体状况时,老先生还是自觉明白,说医生说的,不是太好,反正人都是要死的。说这话时他一脸的平静,好像在说一件与自己无关的事情。可谓看淡生死。

难怪有很多人去拜访周老时都会请教他"长寿之道"。对此,老人曾专门作文,说"生活规律,胸襟开朗","生活简单,不乱吃东西"。又说:"卒然临之而不惊,无故加之而不怒。"

有一次,我带着收集来的张允和早期的政论文章(《中央日报》《苏州明报》等)以及张允和从事妇女运动工作的信息给周老,他看了之后说:"是的,允和很早就不让我从事政治,但她自己早期很热心政治的,她就主张我搞学术工作,她是对的,我从解放后就一直做学术。"对此,张允和的五弟、也是周老的好朋友张寰和先生健在时曾对我说,周有光是"低调主义",指他不参与政治活动,安心做学术。张寰和本人也是如此,不参加任何党派,不担任任何职务,一生教书,以桃李满天下为荣。

张寰和先生还记得"耀平哥"(周有光原名周耀平)最喜欢吃苏州的玫瑰腐乳,我每次去时张寰和及夫人周孝华都会嘱我带几罐过去。玫瑰腐乳有很多种,各地的口味也会不同,有一次与周老聊天后,又与一旁的周有光之子周晓平闲聊。晓平说,父亲口味极刁,就喜欢苏州的玫瑰腐乳,有一次他去扬州开会,顺便买了扬州酱菜厂生产的玫瑰腐乳,可是父亲一吃就说,不是那个味,后来就不吃了。可见老先生口味的敏感、健康。

苏州玫瑰腐乳出自一家百年老字号,产量很少,而且购买点也很少,其颜色趋于深紫,像是熟透了的玫瑰花瓣,口感有淡淡的甜。周有光老先生早晨喜欢吃粥,那种有点稠的米粥,一碗粥,就一两块玫瑰腐乳,这种口味想必是早期居住在苏州养成的。他在苏州的亲戚,每次进京去总会为周老精心准备好玫瑰腐乳和苏式糕点,一解老先生朴实的馋瘾。张寰和夫人周孝华女士还开玩笑地说,周老这么长寿,恐怕与长期食用这种玫瑰腐乳有关,这可是一个大广告了,可惜这种产品越来越少了。

每次去拜访周老,自然都会看见周先生的两位保姆,保姆小田说,奶奶(张允和)和爷爷(周有光)的性格不一样,奶奶心里不痛快,会说以前的事情,爷爷就不说话。爷爷话少,家里的事情以前一般都由奶奶做主,但大事情还是要问爷爷。奶奶在的时候,他们经常晚上起来一起吃点东西,喝杯牛奶,说说话;上午和下午都会喝一杯红茶或是咖啡,还互相碰杯,这就是所谓的"举杯齐眉"了。奶奶走了之后有半年爷爷心里很不痛快,半年之后他开始恢复了,但生活简单多了。

张允和去世后不久,2003年4月2日的夜半,周有光写了篇文章《残酷的自然规律》:

我不知所措，终日苦思，什么事情也懒得动。我们结婚70年，从没想过会有一天二人之中少了一个。突如其来的打击，使我一时透不过气来。我在纸上写：昔日戏言身后事，今朝都到眼前来。那是唐朝诗人元稹的诗，现在真的都来了。……一位哲学家说过，个体的死亡是群体发展的必然条件。人如果都不死，人类就不能进化。多么残酷的进化论！但是，我只有服从自然规律！所以，我接受了这一切，不管有多残酷。对人生，对世界，既要从光明处看到黑暗，也要从黑暗处看到光明。

现在，周老又要面对一个残酷的自然规律了。

4. 痛失爱子之后

2014年冬，周有光的好友、妻弟张寰和先生在苏州去世，至今这个消息还瞒着周老。最近我去拜访周老时，周老对我一一探问，他学着保姆的叫法说，五舅妈（周孝华）好吗？五舅舅（张寰和）好吗？我只得回答说好，都好。

2015年夏，周有光的妻妹张充和女士在美国去世。

张充和女士曾为周有光、张允和的"红娘",在他们的婚礼上,张充和高兴地唱起了昆曲《西厢记》。抗战期间在周有光最困惑的时候,他曾致信这个四妹求助,以后每次周老出书,张充和都会欣然题签。我在编注张充和《小园即事》时特邀周老写个序,周老坚决推辞说,四妹是才女,她的才能非他所擅,不够资格评论,还说其实他也喜欢书画艺术,但人一生时间有限,做了这个便不能做那个了。

据说至今周老还不知道张充和去世消息。

然而一个更意外的去世消息更牵动周老的心。尽管他尚在医院里,却隐约中已有所感,因为儿子晓平已经好多天没有来陪他了。

周晓平先生于(2015年)1月22日去世,享年82岁。此前几日,他还忙碌在父亲周有光的110周岁生日会上。

与周晓平见面多次,有时在苏州,有时在北京,从未想过他会先父亲而去。

得知周晓平先生去世是看了其女周和庆的微信,同时还接到了九如巷张家的通知。很多拜访过周有光先生的人都知道周晓平,儒雅、温和、热情、负责,但很少人知道他是我国著名气象学家、中科院大气物理所研究员。他去世后，其所在单位中科院大气物理所专门发布了讣告："……周晓平是我国大气对流动力学和天气数值模拟研究的先驱，是暴雨和强风暴数值模式研究的开拓者，也是我国中小尺度天气动力学及其数值预报研究的奠基人之一，他在中小尺度天气动力学和灾害天气数值预报方面做出了卓越的贡献。"

我第一次见到周晓平就是在九如巷，当时他从老家常州赶来，去替父亲参加家乡对父亲学术贡献的纪念活动，来往奔波，颇为辛苦，但他说，家乡人那么热情，父亲又不能去，所以他必须去。每一次只要到了常州，他必然会回到苏州九如巷，他说，这里是我成长和就学的地方。见到五舅和舅妈，他们热情拥抱，彼此问候，像是又回到了老早的时光。

周有光与张允和育有一子一女——晓平、小禾。抗战时期，小禾随父母到了重庆，突生寻常疾病，却因缺医少药，过早夭亡，成为周有光与张允和的人生之痛。不久后，晓平又被流弹击中，险象环生，幸亏得入美军医院及时手术，得以生还，为此，张允和特地在家里做菜感谢医生们。

在周有光先生 108 岁生日时，我到北京祝贺，晓平说,这段时间记者采访后写文章,说我爸抗战时中了流弹捡回一条命,其实是我,不是我爸,搞错了。说起往事,晓平一脸轻松,父母身上的坦阔和宽容基因,早已经传承到他的身上。

对于苏州的记忆,晓平印象深刻,说小时候曾住在乌鹊桥,常在内城河里游泳,还去看电影,记得看过《浮生六记》,拍的就是苏州的场景和事情。

1949年3月,周有光到香港出差,因故留在香港,上海新华银行暗中通知在港的周有光,不要回来,说是防止特务暗中下手,同时暗中安排人到苏州接晓平离开苏州,当时苏州尚未解放。晓平对我说,当时他正在上课,学校打铃的老头突然通知他有人找,就这样被接走了。当时他正读初三,连五舅五舅妈都没有告知,就跟在上海的母亲从上海龙华机场,乘坐英国海外航空公司的水上飞机去了香港与父亲会合。

说起父亲对自己的教育,晓平说,爸爸从不硬性规定他读什么书,各种书都可以看,四大名著要看,而且要看懂,还要看各国的名著。周有光本人不太喜欢收集字画,他说艺术当然很重要,但你过多地沉溺在这里面不值得。他认为读书一定要读真正能够获得知识的书。

或许正是这样的无意引导,让晓平走上了科学之路。这是他自己的兴趣发展,与父亲重视他英语学习以及鼓励他走出国门学习也有一定的关系。

随着母亲张允和的去世,照顾父亲的任务就落在周晓平身上,社会各界的拜访、采访、研讨会等等,周晓平总是热情接洽,尽量争取自己本人到场参加,并尽可能地提供信息和资料,后来他还将父亲的藏书捐赠给了家乡。他与父亲住所相距甚远,且他与老伴也都有病在身,但他总是抽空到父亲住所住上几天,或者隔不几天就来看看,临走时一再将相关事项向两位保姆交代好。

晓平说:"爸爸晚年生活中我陪伴他的时间较多,在不知不觉中我和爸爸超越了一般意义上的父子关系。我妈妈说我们是'多年父子表兄弟'。"

周晓平在忙着参加多地举办的周有光110岁大寿祝贺活动时期,自己刚做了一次手术,且还没有恢复好,但他仍然坚持常去父亲那里报到,并使得今年的大寿活动很是成功和圆满,只是很多人不知道周晓平的劳累,很多亲戚都说,他走得太突然了。

抗战时期,六岁的妹妹小禾去世后,七岁的晓平写了一首诗,说:"妹妹,我们永别了,永别了你,我再也看不见你了。"相信在另一个世界,他们兄妹会重逢,相信他们会有很多话要说,说说长寿博学的父亲,说说坚韧美丽的妈妈允和。

1月26日,人们在北京八宝山送别了一位气象科学家,人潮涌动,排起了长龙,他们冒着严寒而来,只为了再送和蔼、可爱的周晓平先生最后一程。

在拜访周老的那天正好又去见了沈从文的长子龙朱先生,正是他代表家属去接周老出院的,就晓平去世的事他当时很为难,但最后还是决定要告诉老人家,当着一众小辈的面,他介绍了晓平的具体病情和住院情况,希望尽可能以一种老人能够接受的方式说明,没想到周老很是平静,似乎他心里已经知道了情况,但是在事后很长一段时间,尤其是他回去独处时,还是显得黯然、伤神。

犹记得有一次去拜见老先生前,我预先打印了《合肥张家记事》的两个预选书名,请周老定夺,老先生手持放大镜仔细地看了,然后慢慢斟酌。当时,周有光之子周晓平先生也过来看看,觉得直白些的比较好,父子俩意见有些分歧,短暂而友好地争辩后,选择待定。周老为我题字:"历史进退,匹夫有责。"后来我再去时,周老先生又补写了一句:"要从世界看中国,不可以从中国看世界。"他还欣然题写了书名《流动的斯文》。

从"斯文"说到了孔孟之道，晚年的周有光先生曾主张儒学的现代化，他认为，儒学的历史任务是维护帝王政权，建设稳定而繁荣的封建社会，在两千年中做出了伟大的成绩。儒学不仅能为封建专制服务，也能为现代社会服务。儒学中有跨越时代的至理，例如，反对迷信，重视现世；反对愚民，重视知识；反对暴力，重视和平。"孔子、孟子在两千多年前就有许多高明的说法，非常了不起。"

犹记得周有光先生对我名字的解读："你的名字好啊，王道。中国儒家讲究王道，不搞霸道那一套！哈哈。"我告诉他，其实这名字没啥意义，就是希望向他学习，找出适合自己的道路来。

最近一次去拜访周老时，见他脸色渐渐红润起来，精神正在恢复，不禁欣然，保姆的一句提醒更让人惊喜，他的头上长出了一些黑头发，一些原有的白发正在消退，我和老先生开玩笑说，这是返老还童，因此对于老先生说的人生死，我说是"童言无忌"，老先生哈哈笑了，真的像个可爱的孩子，让人不得不为生命的奇迹而惊叹。

叶弥：不安的世界

叶弥很久没有发表小说了，但是一出手就不同凡响。《北京文学》四月刊发表了她的中篇小说《文家的帽子》，《小说月报》原创版刊发了她的短篇小说《雪花禅》。一如既往的江南意蕴，安逸之下的狂想；却也是别样的不安的世界，隐秘之中充满着诡异的动荡。

叶弥，苏州作家，短篇小说《天鹅绒》被姜文拍摄成影片《太阳照常升起》；以短篇小说《香炉山》夺得第六届鲁迅文学奖；曾是公务员身份，后辞职专心在太湖之畔过着近乎隐居的生活，无意中却融入了最自然的最生活化的生活，完成了她的小说家的嬗变。像她的成名

作家叶弥。

作《成长如蜕》那样彻底、真实,她一直忠实地生活着、忠诚地写作着,卑微如她种植的每一种蔬菜,如她收养的每一条受伤的流浪猫狗。叶弥的作品前后获奖无数,她却始终像是第一篇开始那样的"老实"和"谦卑"。但是透过小说的视角去看,那是另外的真实世界的反照,一个纯粹的不安世界,虽然不安,却也令人着迷。一如既往的不安,一如既往的神秘。

一、雪花冷禅寒意生

叶弥新作《雪花禅》(《小说月报》原创版五月刊)短小精悍,说的是抗日时期的故事,但似乎又与抗日没有太大的关系。到底说的还是"生比死难"的大主题。

何文涧,一个江南的文化人士,一个清晨起来要焚香,洗脸要在丝巾上滴上自制的玫瑰露,早餐前先喝小半碗桃胶蜂浆桂花水的精致男人,生活精雅到了极致。但现实却不容许继续快乐自由的生活,因为日本人要来了。当然他有腿,完全可以跑。可是阻挡他的恰恰是当地的同胞,他们竟然要求何文涧与这座城"共存亡"。

何文涧作为一个当地有影响力的文化人,毅然决然地争取着自己活下去的权利,当然这个前提是他毅然决然地拒绝了做汉奸的活路。

但是大家不容许他"活着",就连他资助了十几年读书的晚辈潘新北也主动上门来逼他留下来,并且在逼他之前先杀了自己做汉奸的叔叔,显露出他已经加入了锄奸队的英雄主义。但是何文涧十岁时就已经定性了"自由快乐"的心性,他坚持认为"书生是用来传道授业和风花雪月的"。他拒绝了英雄主义,三十五岁的何文涧选择在走

作家叶弥。

之前与收养了十年的娜拉一起去念念寺洗一次梅花浴。

何文涧精心培养着娜拉,诗书画乐女红,但娜拉仍然喜欢周璇的风情,嘴里也时不时地吐出几句脏话,何文涧却是分外喜欢。这个自称是婊子的带刺玫瑰,倒是学会了何文涧的一套生存理论,并且坚持认为"人人都有生活的自由"。只是娜拉并不打算和他去洗什么花浴,并且把何文涧为她设置的冷香苑的门重重关闭了。离别时,何文涧唯一的遗憾是,他还未及享用她,由此他更是痛恨日本人破坏了风花雪月。

何文涧洗梅花浴的过程充满着禅意和扑朔迷离,大师所谓的"生与死,全是造化弄人""生就是死,死就是生""人一想放下,就舒服了"等无意的点拨,让他如坠梦境,念念心经倒是坦然了许多。只是抗战后他最终也没能逃过"养子"潘新北对他的追杀,只不过经历了死境之后,他却意外地活着,就像是洗浴过程中做了一场梦,他念念不忘的还是那句:"我要活,何其难?"

死境之前,相信谁都有自己的选择,但有谁会甘心服从命运呢?尤其是面对如此沉重的如此关乎生死的大议题。这样一位对于生活品质讲究到极致的文人,不服从命运又能如何?乱世之中,人不如狗。英雄主义当然是充满着刺激和诱惑的，但偏偏就是有人不买账，何文涧自有"生、活"的主张，他还有形而上，但是形而上又如何？我们毕竟殊途同归。叶弥显然不是应景地写抗战题材，也不是刻意要塑造什么英雄，她只是在轻轻地讲述处于变化之中的人的变色，以及人在各种情况下的"随机应变"。当然，万变不离其宗。只是这"宗"在叶弥笔下也是千变万化、变化多端的。

此篇依旧是叶弥式的冷酷，寒光闪闪，令人生畏。但恰如李敬泽对她的评价：叶弥是冷酷的，这不是骄横的、自我专注的冷酷，而在每一篇小说开始之前，叶弥已经站在人性和生活的底线上，她知道情本来如此或必会如此，她不抱什么幻想。所以叶弥的冷酷是一种透彻，一种悲悯。

叶弥的新作《文家的帽子》（《北京文学》四月刊）同样与抗战有关，却落实在"文革"，文家几代人的命运与一顶帽子紧密地贯穿联系在一起，让人想到了叶弥的那篇《黄色的故事》，几代人的命运与一本历史"黄书"联系在一起，至死都有关。

文家老爷似乎并没有继承历史上的文家，即文震亨的硬气和骨气，他不敢和日本人对着干，甚至最终彻底放弃了戴帽子。但他又不甘心,只能在家里的床上蹦着骂日本人,倒是文家少爷看起来很有骨气,但也仅仅是看起来。他的懦弱、害怕和无所适从,促使着他做出必然的荒唐事。而处于那个风云激荡的乱世,谁又能独善其身,躲过"帽子的历史"?

叶弥讲述了与此作有关的一个梦境:"我妈的头上戴着一顶十分窄小的帽子,把她勒得脸色发青。我无法保护她,只能哭泣。""这只是一个梦。梦从何而来,我不知道,但总有理由吧。这就是我对那个特定年代的最初的恐惧。……恐惧要驱散,心灵要自由。"

这个作品让人想起了叶弥刊发于《收获》的长篇作品《风流图卷》,同样是"文革"时期的江南的风物和人物,叶弥却超越了《小男人》《小女人》《天鹅绒》《恨枇杷》的以小见大的写法,直接把小人物扔进大历史的烤箱、炼炉里去扑腾。那些小人物不但没有死,反倒更鲜活了。《收获》编辑叶开说:"叶弥试图用一种温婉理想来植入那个可怕的时代,让人性在这不可靠的动荡中,经受不可靠的考验。一代人在迷惘与激情中长大,最后成为复杂的新人。"或许这是一种委婉的说法。叶弥展示的是一段中国痛史,一段至今尚未完全结痂的痛史。梁启超说"天下最惨最痛之境,未有甚于'绝望'者也"。但叶弥却写出了孔子的意蕴:"天下有道,丘不与易也。"

二、沉重的天鹅绒

很难把叶弥和姜文联系起来,但冥冥之中他们似乎有着相同的秉性,当叶弥的短篇小说《天鹅绒》出现在姜文面前时,这篇不到万字的小说立即激起了他的拍摄欲望。

2007年盛夏,蛰伏影坛七年的姜文再出新作《太阳照常升起》,即根据《天鹅绒》改编的影片正式上映,他身兼导演、编剧、主演三职,主演为周韵、陈冲等。姜文说这篇小说是"一个朋友推荐给我的。这部小说讲述了'一根筋'式的人物,我很喜欢。我把它拍成了一部反映人性欲望之中各种极致境界的电影"。

片名之所以定为《太阳照常升起》,姜文说是为了向美国作家海明威致敬,因为他非常喜欢海明威的小说《太阳照常升起》。当然,这个名字也可能会让人想到故事本身的特殊年代——上山下乡。

叶弥六岁的时候经历了人生的第一个大的变迁,随

作家叶弥的小说集和她养的鸭子下的蛋。

着父母从精致安逸的苏州下放到穷困的苏北农村,她说:"很奇怪,我一方面经历着不安,眼睛里全是乡下穷人无奈的生活。但另一方面,在心里最深的地方,往往只留着一些美好的东西。"

下放时期的叶弥离都市和繁华越来越远了,但她距离文学却越来越近了。八年时光,她读了不少文学的书,画了一些画,也写了一些诗。直到回城后开始做起了文学的梦。正是这段经历给了她写作《天鹅绒》的底气和底色。这篇小说讲述的是一个乡村的丧母的小队长,与下放来的一家三口不期而遇,三口之家的一家之主看上去是扛枪的爷们儿老唐,实际上却是被他称为"大女儿"

的妻子姚妹妹。恰恰小队长与姚妹妹有了私情。扛枪的老唐怎么办？他又能怎么办？尽管他具有侠气和悲悯，但并不代表他是圣人。当他隐约感觉到这件事时，"他突然发现，这世界太空旷了，令人想起一些让人不安的物事"。

不安是注定的，无可避免。

姜文说："叶弥的原著《天鹅绒》给了我很大震撼，它棒在哪儿？棒就棒在它把生活的本质赫然推到你眼前，什么来龙去脉都不存在，所有的解释都是人们在极度不安的状态下强加进去的，但生活其实往往没有绝对的理由。"

有人说叶弥作品写的就是超越一切价值之上的尊严。一种失控的自尊的灿烂和沉重，同时也是一场生死冒险。诚如作品本身就是一场全新的冒险，叶弥说此作故事与现实有很大距离，但人物与环境则是最大程度的可信。叶弥精心构建的看似荒诞的不安世界成功了，浑然天成。

正如姜文评价此作："或许你会觉得这个故事因为有常在文艺作品中看到的'较真儿'而缺乏新鲜感，但是那样的'较真儿'不是作家安排的，而是人物自己必然的命运。"

巧合的是，叶弥与姜文都喜欢简洁、有力的海明威。

叶弥听说姜文要拍《天鹅绒》，想都不想就说真是姜文拍就送给他。姜文不好意思,说要送给叶弥三根萝卜。只是后来叶弥连三根萝卜也没收到。但叶弥与姜文一见如故:"他请我去他的北京工作室看看,当时我们几个人围在一起吃盒饭,吃完了他来了,看盒饭还有点剩,就全给吃掉了。真是很大气的一个人。我愿意把我的小说当礼物送给他,不后悔。"姜文对此片投入很大,连新生的儿子都上阵做了演员。

鲜为人知的是,姜文最早看上的是叶弥的另外一个中篇小说《小女人》,讲述的是一个下岗女工的艰难和坚持的故事。但是,"姜文说,他对小说里的某一个细节过不了,理解不了那个女人的心理,解释之后仍然不懂"。

此后,叶弥与姜文成为要好的朋友,文学、电影、生活无所不谈,姜文后来在拍摄民国女刺客的故事时还与叶弥有过联系。

三、从猛虎到亲人

曾经读过叶弥一个短篇《猛虎》,一对夫妻在不经意间完成了人类历史上最残忍的谋杀和被谋杀。诗人丈夫不行了,但妻子却如丰沛的暗河汹涌流动。丈夫劝妻子外面去找找乐子。妻子无比爱惜翅膀。终于两人形成了对抗，夫妻哪有不对抗的呢？但他们是至死对抗，不死不休。终于妻子在长期的出招和麻木的出击中，对丈夫下了"毒手"。丈夫临死还在对抗着她，更让她觉得他死得其所，死有应得。

常言道"女人是老虎"，女人是什么样的老虎，女人为什么会变成了老虎，以及女人变成老虎之后会是什么样子？叶弥看似是在解析夫妻生活，但也是一层层人性的解剖，以及对人性可能性的惊险叩问。这样的设问不是荒诞，反倒是及时的现实的。夫妻之间可以相濡以沫，也可以仇深似海，"我最深爱的人伤我却是最深"，当这句轻盈的流行歌词成为现实，相信很多人会触目惊心。但更让人触目惊心的是，这种事可能就潜伏在自己身边，自己的身上。叶弥很敢写，叶弥下笔够狠，但我们不必忌病讳医，反倒更应该接受和直面这样的准和狠。

相信叶弥的《猛虎》不会增加人们对于婚姻的恐惧，当然也不会降低对婚恋的热衷。只是我们应该时不时地做一些必要的审视，我们内心里的"猛虎"是睡了还是醒了，或是正在醒来。叶弥曾说过她喜欢导演李安的作品，稳健，但并不庸俗，反而格外精彩和准确。李安的

《少年派的奇幻漂流》里的猛虎，与叶弥的《猛虎》是多么相像。但手术刀的锋利从来不是为了伤害，相反是为了预防和康复。

由此又想到了叶弥另一篇重要的作品《亲人》，曾获得郁达夫文学奖。这是一个显露回归痕迹的作品，讲述的是一个长期与母亲对抗、对峙的叛逆女儿，终于在一个小女孩寻找母亲的寻常场景下，激发了她的回归。她要去寻找分别多年的母亲。

母亲已经在寺庙居住多年成为居士，在她去寻找时，母亲已经告别人世了。她陷入了惶惶。但她不甘心就此离去，就在寺庙附近山脚下的小旅社里居住着，没想到晚上来了约会的男网友，误打误撞到她的房间，两人造成诸般巧合的误会。男网友并没有恶意，甚至某种程度上抚慰了她。她喝醉了。她要借着什么身体的交流发泄自己的郁闷。他与她结合了。他要负责，她却不肯。

近十个月后，她开始寻找他，但不得。她怀孕了。她驾车接回了母亲的骨灰，却在半道上遭遇了车祸，她一手搂着母亲的骨灰，一手护住自己的大肚子。她已经以全新的角度去看待问题，母亲给予她的远比她想象中的还要多得多，世界也并非是完全亏欠她的。终于她像是领悟到了什么,从鬼门关里爬出来,她生产了,周围陌生的人给予着她呵护和关爱。当他们让她说点什么时,她说:说什么呢,感谢孩子,感谢孩子来到这个世界上。

从心有猛虎到心怀悲悯,从敌我回归到了亲人,从残酷到温暖,揭秘真相的叶弥从来不会令人陷入绝望,相反的是,她只是让你看到细微的微妙的东西,却也是至关重要的东西。恰如她在《独自升起》的句子:"一个极端安静的人,他的世界是放大的,别人看不见的细微东西,只有他能看到,别人无法分辨的东西,他能辨别。别人感知不了的东西,他能意会。"

四、蓝湖之畔花码头

叶弥原名周洁,家族源于周敦颐,至今家谱还在,据说和鲁迅家族也有关联。但叶弥不大说起这些,她的笔名只是一次偶然事件。

当《钟山》杂志确定要把中篇小说《成长如蜕》重点刊发时,曾向周洁建议,取个笔名吧。周洁就想到了母亲的姓氏,叶,叶家在苏州也是望族。然后就是翻字典,翻到哪里算哪里,结果就翻到了这个弥字。

之前,叶弥和所有的同龄人有着相仿的经历。在很长一段时间里,她远离着文学。尽管她自己认为,不写作不代表就离开了作品。当她真正陷入了无法与文学比肩而行的现实中时,她困顿了,正如她所说,写作的本身应该是(若不写)"我活不下去了",于是她选择了与文学在一起。她辞了公职,全身心沉入写作。当人们热衷进城时,她却选择了下乡,住在太湖边上的乡镇,看上去僻静,却有着江南乡镇应有的杂乱。

镇上开了不少厂,打工的几乎都是外地人。叶弥收养了一些流浪猫狗,瞎眼的,瘸腿的,掉毛的,老态龙钟的。但就是这些残疾的猫狗有时也会丢失,要知道叶弥与它们相伴,精心照料,几乎成为至交友朋。当它们有的被当地人偷走吃掉时,叶弥却没有责骂、愤恨,有的只是怜悯。她说:"他们还是太穷了,一个月那么点钱,房租、伙食加上手机费也没有什么了。"显然她在疼爱猫狗的时候也在宽容那些人。

细读叶弥的作品可见,她笔下的人物都是清一色的底层人物。就像是她身处的那个太湖之畔的临湖小镇上形形色色的人物。

近些年来,叶弥笔下陆续出现了一个新的地名"白菊湾花码头镇"。显然这正是她所在的临湖小镇。而美丽的"蓝湖"则是水蓝如绸的太湖。《桃花渡》《香炉山》《拈花桥》《到客船》《花码头一夜风雨》等作品里的蓝湖和花码头的神秘、自然生态令人向往,就是在这非虚构的地方,叶弥安静地过着细微的每一天。打扫卫生、做饭、种菜,照顾自己收养的十几只流浪猫、流浪狗,写日记、读书、写作,一个星期开车进城买生活用品和猫粮狗粮,陪父亲母亲搓一次麻将。叶弥说:"我在和植物、动物接触的过程中,努力了解自然,听懂自然的语言。事实表明,这样对我的身心有益,也提高了我对世界的整体认识水平。人与人的精神和谐,与美好的自然分不开。自然界中自有神韵促使人与人亲近。置身自然,人也会变得单纯、美好。所谓'天人合一',大概就是这样。"

叶弥对猫狗、植物的真诚绝不亚于她待人,而她待人则更像对待小猫一样耐心和体贴。物质的,金钱的,精神的,叶弥对朋友、陌生人的帮助常常是随机的,不加考虑的,更多的是无形中彰显的一种叫义气的东西。王彬彬、李敬泽、施战军、丁帆等评论家都曾对叶弥作品和个人的率性统一做过精准的评论。叶弥说:"有时深思熟虑的东西都经不起推敲,何况是一时所想?"说的是小说的减法,也同样适用于人与人的关系。

她在《水晶球》的结尾说:"这个世界到底会发生什么,谁也不会知道。"但是叶弥相信:"人心是世界上最顽强的东西,没有什么能战胜它。"

叶弥对于小说是虔诚的,虔诚如信仰,她曾反复在作品里描述信仰,而她自己宁愿游离于小说之外。她希望做个真诚的人,"真诚并不难,难在坚持"。她一直遵循着写作的初心,"我活不下去了""俺要拿它换大米",记得去领取鲁迅文学奖时,她曾开玩笑地说,我是来领奖金的,让很多同行钦佩于她的真诚。

李不安是叶弥《美哉少年》里的主人公,这个单纯的人物身上有着叶弥的影子,"我的少年经历过'文革',经历过深深的不安"。这不安一直伴随着叶弥创作出一篇篇"不安"的作品,"人心最大的饥渴就是对美对自由的需求"。应该说叶弥看到和深刻感知了这个世界的不安,但她不会加剧,反倒是一种提醒,是一种勇敢直面。

恰如叶弥在《成长如蜕》中所说:人生中有些事情是不得不做的,于不得不做中勉强去做,是毁灭;于不得不做中做得更好,是勇敢。

第五辑 书房风景

闲逛书房说闲话

拜访各地的前辈和好友时,我最喜欢去参观他们的书房。那是一个家庭的精神领地,也是一个人的心灵空间。如果不是"自己人",恐怕不会带着你去转转书房。因此我也常常把这份邀约作为一种荣幸。

苏州:听橹小筑

在苏州要看书房的话,王稼句先生的书房会是首选。这些年我带过很多朋友去参观,安武林、绿茶、钟芳玲等等,每一位朋友进入书房后,几乎都是同一种惊讶而

王稼句在书房签书盖章。

又欣慰的表情。惊讶的是现场的展示,欣慰的是来时还是有些心理预期的。是的,就应该是这样的,要知道,爱书人的想象力都是极其丰富的。当然,接下来还是会掩饰不住继续参观时的惊叹声声。

严格来说,稼句先生的书房并不算太大,但是分布合理,层层推进,古今并存。线装书与胶装本的延续,大部头与小开本的绵延,楷书、隶书、杨明义的国画、钟叔河的书法、版刻藏书票的小雅……使人一头扎进去,只想着一往无前,继续游弋在书海字海里。

到稼句书斋的朋友们表现各有不同,有的直奔主题,找书，讨书。安武林兄到此就找到了稼句最早出版的散文集，直截了当，我想藏着，稼句也不护短，就手签名赠予。安武林开心得像个孩子，难怪是个写童话的。

有的则是暗暗惊叹，一眼一眼的看不过来，实际上是看不够，心里想着我一定要再杀回来，一定要杀回来。钟芳玲女士有一次到苏州短暂停留，但还是要再一次探访稼句的书斋。令她惊喜的是，稼句先生的书架上摆着她的两本代表作《书天堂》《书风景》，而且还是一版一印。

有的则是一边参观，一边拍摄，然后安心地坐在书桌前，对书斋主人稼句先生尽情采访。绿茶兄每到一个书房都会想方设法弄清楚这间书房背后的秘密，这是他的专业，也是他的长项。绿茶兄来的那次，全家上阵，做客书房，稼句先生很是热情周到，泡茶，赠书，任由绿茶家小公子茶包来回"巡视"坐卧，一如在家的感觉。

稼句先生书斋的宝贝实在是太多了，看不过来，因此我后来不忍心看那些宝贝书了（实在是眼馋、心馋），索性看看书房内的杂件、文玩，如陈如冬送他的那一座石头真是玲珑精雅，使人喜爱。书房里的那把藤制躺椅看上去就很舒服、顺心。稼句先生形象地把那个小房间称为车间，意思是他的写作如同工厂加工，实在是形象而独特。

稼句的书斋名曰"听橹小筑",前有护城河,后有城市内河,夜静时分,是一定能够听得到摇橹声声的。每次去稼句先生的书房内,都像是通过特殊通道进入了另外一个世界,繁华的姑苏城已经不见踪影,取而代之的是一座小小书城,使人一下子安静了下来。我自妄思:稼句先生最惬意的一定是两个场所,一是酒桌上,他能尽情挥洒,纵情潇洒,那是一个放的世界;二是他的书斋,他能沉入其中,忘却尘世,自由游弋,那是一个收放自如的世界。他一个人的精神世界,直至车间里的那一批批"文字产品"走向一个广阔的世界,走向读者的心灵世界,由此多少共鸣产生。稼句先生获悉后,一定会动情地说,走,喝酒去!

苏州的私人书房,我还去过朱季海先生的、钱璎女士的。前者是章太炎的弟子,世人多以国学大师誉之,依我看,朱先生并不会接受,老先生一生清贫,日子却还是有滋有味。我曾写过一篇《朱季海的草根粉丝》,可以发现,朱季海先生一直是在"基层"活动的,就连电视台采访他的稿子都说他的著作是"天书"。先生不入仕,不教学,一个人默默看书,讲学,据说有人向先生请教，先生说，请客先，要喝红酒。实在是可爱的形象。我见到朱老先生时，他正躺在床上，房间里的书架子不大，都是很早时期的湘妃竹，斑斑驳驳的，透露着历史的味道。书架上有不少帽子。老先生的书并非都是线装本，外语杂志就有好几种，据说先生能读好几国语言。我当时带去的是老先生的《楚辞解故》，本想请老先生给我签名的，但到底是不忍，老先生握着我的手，答我的问题说："简化字不是字。"据说老先生一辈子都写繁体字。

钱璎女士，藏书名家阿英的女儿，做过苏州文化局的领导，对苏州昆曲乃至戏曲、工艺美术的恢复都做过很大贡献。她把父亲的万余册珍贵藏书和书画都捐赠给了图书馆和博物馆，慷慨大方，令人肃然起敬。她的藏书放得很散，有的在自己屋里，还有在车库和儿子的房间里。粗略估计有两万多册藏书。她自己的书房不大，木头书柜，木头档板，档板内贴着防潮的蜡纸，是老式的那种书橱。但钱老的书年代久远的却不多，因为珍本都被她捐给了家乡的芜湖市图书馆。她的藏书中占较大比例的是戏剧类书籍和其他文学类书籍，如梁辰鱼的《浣纱记》、英国的《莎士比亚全集》、苏州评弹书目《啼笑姻缘》《珍珠塔》等，还有她主编或参编的《苏州戏曲志》《昆剧在苏州》等三四十种作品，可谓是女承父业。钱璎老人的书房几乎不对外开放，很多次婉拒了记者的采访，或许是她觉得与父亲相比，她的这些藏书并不算珍贵。这也是苏州读书人的低调所在。钱璎女士对朋友很大方，她赠给我两本书，一是《艺文书简》，是钱璎与文化界人士的交往书信录，一是《阿英旧藏金拓片——瓦当集》，厚厚的，大开本，是阿英早年的收藏的瓦当拓片集，令人爱不释手。

南京：梁白泉

拜访南京博物院老院长梁白泉先生是因为过云楼出版事宜。梁白泉先生已经从市区迁居到了南京东郊仙林校区，小楼安逸，老人安享退休的晚年。但是往来熙攘，拜访的人也是不断。梁先生的书房不大，满满一大间屋子，书柜顶上都是书。先生一辈子从事考古工作和地理历史研究，看得最多的应该是工具书。《四库全书简明目录》《历代典故辞典》《二十五史补编》《艺文类聚》《中国历史地图集》《全宋诗》《辞海》……有一套陈旧的《大

梁白泉在个人书房。

汉和辞典》，据说目前全国很难找到第二套了。

书架上有两幅绣制的"汉倭奴王国"金印艺术品，梁先生说是日本朋友送给他的，接着便娓娓道来这枚金印的历史渊源，并牵涉到真真假假的争论，听梁先生谈历史总是那么风趣有味。他直言不讳，同时也保留着下定论的意见。但对于歪曲理解他的言论，他却是直言批评。1960年4月，梁白泉带队在甘露寺进行考古工作时，发现了11枚感应舍利。结果后来有记者采访完梁先生回去写稿说是释迦牟尼的舍利。梁先生说这简直是胡说八道，根据他的推测，这可能是唐朝时期掌管润州的李德裕从南京长干寺带去瘗藏的。

清雅的山水画，工整的书法，可爱的摆件，温馨的旧日合影，使得整个书房里充满了暖意。梁白泉说他不搞收藏，因此，对书也是不够珍惜，谁喜欢谁拿去好了。因此除了别人送给他书，他自己的藏书常常是流失的状态。

"大道至简"。这是梁先生书房里的一幅书法，透露着先生对于物的朴实心态。先生这些年主编了不少大作，但他自己却是"述而不作"，据说至今一本个人著作都没有出过。为此南京大学曾派了几位研究生帮他做口述史，希望能够把先生肚子里的学问留下来。

老先生为我题字前，先去了另外一间书屋里查工具书，他要写金文大篆，不能错了笔画，他谦称自己是"画字"，写出来的却是古意十足，且笔笔端正，使人肃然起敬。

拜访老先生后我们在仙林大学校区吃了一顿小吃，锅贴，粉丝汤，老先生吃得津津有味。老人的爱人已经去世多年，平时他与一个亲戚合住，一直过着简单而朴素的生活。

临走时，梁白泉先生送给我书法，写的是"杨朱泣歧"，我权作自勉、自警。我看到他的书柜上悬有四个字,"悲欣交集",是李叔同的字,温和而丰富,我没问是否真迹,我猜梁先生一定很喜欢这四个字的意义。

我问老先生书斋名称由来,"落花室"取自龚定庵的诗句"落花不是无情物,化作春泥更护花"。后来有人专门为梁先生刻了一枚章,在先生喜欢的书上就盖有此章。

翻阅梁先生的藏书可以发现,他喜欢把与这本书相关的简报和资料夹在书里,如读到英译本《红楼梦》,他就把译者杨宪益、戴乃迭夫妇的相关文章收集夹在书中,如曾昭燏编辑的文物书籍,就有相关的报道简报附在其间,可见梁先生治学的认真。

早期时梁先生曾被公派到德国一年,当地人对梁先生说,如果没有了信仰,他们一天都活不下去。梁先生说他回来后为此思考了四五年,后来终于想通了。信仰是什么?信仰不是迷信,信仰是一个中性词,信仰不一定特指什么教派,也可以是科学或者其他的东西,关键是你有没有信仰,你的信仰是什么。梁先生的反思值得深思。

贵州:张家

去贵州拜访张家后人、张家大弟张宗和的小女儿张以䶮,听她讲述书房里几柜子书的故事,真是令人唏嘘叹息。

历史的、书法的、戏曲的、文学的,张以䶮书房里的书品种丰富,版本也很丰富,但不少书都弄脏了,粘页的也不少。听她说了"书的历史"才知道,宗和先生当年被批斗,被赶出家门,房子里珍藏的书和资料就被处理到了厕所。后来有好心的贫下中农问他们,放在厕所里的书还要不要?以䶮和父亲这才下山来分了几次把它们挑上了山,算是保住了这些珍贵的"家产"。

书柜上的书被分门别类,都放得整整齐齐,看得出来张以䶮对它们的用心之至。但张家人赠书也不吝啬,一部宗和托沈从文购买的唐代敦煌写经卷,就捐给了贵州师大,后来,联合国教科文组织特地拨款修建贵州师大图书馆,其中就与这个经卷和另外两部书有关。还有一本宋拓碑帖印本,宗和生前答应赠予好友书法家戴明贤先生,在过去很多年后,张以䶮帮父亲了了一个心愿。

张以䶮书房里有一些特殊的外文书和资料,它们是远在美国的张充和女士多次寄给大弟的,其中以美国出版的中国古代画片为最。书房里悬挂有张充和的一副书法联:十分冷淡存知己,一曲微茫度此生。这是充和女士的名句,之前写的版本已经被董桥收藏,视为珍物,没想到在这里又看到了一个版本。

书房里还有一幅中堂,是晚清进士冯文蔚的小楷,冯官至河南学政,以楷书著称,其字小如虿,笔笔工整,整篇读来也是风流惬意,落款是为张家的先贤张华奎写的。即张家四姐妹的祖父,官至川东道,可见两人早期为知交。这样的书法传承,也是一种家风的传承,更是一种家庭历史的侥幸。

站在高大的书架前,我总觉张家的文化之所以能够一次次立在新生代面前,就是因为有张宗和、张以䃼这样有心人的有心而为。

贵州:戴明贤

贵州戴家与合肥张家是世交。戴明贤先生集书法、文学、篆刻、历史、收藏等于一体,可谓西南大家,前段时间他的全集刚刚出版,使人心仪。

到戴明贤的家里几乎看不到书。但是打开对面一套房子的门会发现,原来那对门的邻居都是他的书房所在。书库、书法室、收藏室等等分工明确。

戴明贤在个人书房。

戴先生自幼继承家学，家在安顺古城有私家园林适园，至今仍存斯文。书房里文史哲碑帖不少，我估计贵州当地史类应有尽有了。

戴先生精于藏石，其中以一座恐龙化石为最，带着远古的沧桑，带着神秘的意蕴，使人在整个西南省会里感受到了人文与自然的秘密。

戴明贤先生儒雅、谦和而率性。他的书法则是"法古师心、意到笔随"，尊古而不拘泥，处处见大胸怀、大气度。这或许正是戴明贤先生多读书之故，他主张："去俗无他法，惟有多读书。"

戴先生年逾八旬而不显老,晚间拎着黔地茅台邀我去路边小店做"斟酌",看那架势酒量小的估计会被唬住。戴先生的夫人龚阿姨多次示意他少喝点,毕竟年龄不饶人,戴先生率性如故,恰如他的书法笔意的洒脱和肆意。但一瓶酒下去,依然如故,纹丝不动,面色不改,可见先生的安稳和老练。使人暗暗称道。

拜读戴先生的著作《物之物语》,他说:"我喜欢的那联诗是:'造人时势原无据,慰我生涯幸有书。'上句只是陪衬,要的是下句。尤其这个'慰'字最惬予怀,真觉熨帖到了心灵。"我请他帮我书写吴雨僧的这两句诗。戴先生特意留了几天帮我书写,笔意潇洒,有的放矢,豪放中不失自觉,尽情而曼妙,实在是意外的惊喜。我暗自怀疑,这幅字应该是戴先生酒后写的。

青岛:我们书房

和绿茶兄去青岛做书店巡游,在最后走的那天去了薛原先生的书房。

薛原的大名似乎一直与书的故事有关。他的书房位于一个临街小区的楼上,光线明亮,书柜亮堂。不远处就是上世纪初的洋式建筑和古朴的街道。闹中取静，再好不过。

"我们书房"据说是有特殊来历的。但我想薛原可能是想着书房的门永远向书友们或者爱书人敞开着。我们去的时候大包小包，我还带着"垂髫小儿"，丁零当啷，大呼小叫。薛原先生却不嫌，热情依旧，帮忙提包，泡茶递果。记得吃饭的时候，薛原不喝酒，也不劝酒，这倒不像是山东人的"样子"。但这样的随意却是令人舒服的，惬意的，只是菜味太多，不及消化，薛原先生的好客更是在此显现。

薛原先生有爱女，自小涉丹青，培育有方，人像作品"小嫚"被图书馆作为公共服务形象代言，可爱而卡通，却也是用足了心思的作品。薛原说，我这些书都是要给女儿的。语气中有着期许和希望，也蕴着深爱、慈爱。有爱书人为父，应该是幸福的。

书房里挂着薛原的画作，还有一串串的葫芦，听说薛原先生最喜此物。古语葫芦，即福禄。是吉祥的，也是自然的。我看薛原的画多涉自然之物，花卉、果实、虫鸟等等，虽不敢说自成一家，却也是一笔笔写生认真，为这一书海之地增色添雅不少。可谓我手画我心，慢慢

2018年,薛原、作者、绿茶在薛原的书房合影。

画,慢慢看,慢慢走。

薛原与书的故事很多,他写书、编书、卖书、开书店、张罗书的讲座,应该说架子上的书多与他本人有点关联。他在青岛这块海上之地组织的阅读活动也是参与者众。在书房里我见到了青岛的宗家庄木版年画集,颜色妍丽,版本丰富,隐隐散发着胶东民间艺术的古朴和神秘。书房里的类似画集还有不少。小儿端端来回翻腾,独独看中几个大册子压着的一本水浒人物像集成,还未拆封,小家伙毫无顾忌地拽着,使我汗颜。薛原先生二话不说，佳品赠予爱书人。小家伙在返回的车上就拆封大展，开心了一路。实在是应该谢谢薛原先生。

在回来的高铁上，我也在看书：薛原赠予的著作《海上日记——"科学一号"赤道太平洋考察实录》。这本书超出了我的想象，没想到薛原还有这样一次堪称历险的科考经历。一百四十天的海上经历，复杂而奇特，惊奇而神秘。薛原用的是日记体，看上去很多话都是自己的独语。记得有人评点名人日记说分为两种，一种是给自己看的，还有就是为了出版的。我看薛原当年是没打算出版这本日记。

日记里谈读书、谈影评、谈艺术，谈及生活日常、世道人心，皆是一时兴起和信手拈来，却独具有一瞬间凝固的文学率性。在船上，薛原读了不少贾平凹的作品，由此提及其早年游记味淡，从而悟到成功作品背后都有大批的平凡之作乃至废品。薛原认为，贾平凹早期散文可能借鉴了沈从文的《湘行散记》的风格，并做了相关分析。为此我去查了贾平凹的书，在《五十大话》里，果然有疑似证据。这篇《沈从文的文学》是贾平凹在西安建筑科技大学的一次演讲，其中提及贾平凹在1974年偶然在图书馆看到了沈从文的一本书，"觉得这本书和我心灵息息相通，但我不知道沈从文是谁"。要知道，那时候沈从文尚在被屏蔽时期，作品不准出版，人则早已经改行从事文物研究。但是贾平凹一看难忘，"后沈从文的一篇小说收到一本综合小说集里，我生平第一次给出版该书的出版社写信，希望能多收些沈从文的小说。当八十年代沈从文像文物一样出土，他的文集我立即买了，这也是我迄今唯一买的一个作家的文集。我幸运的是同沈从文同活于世，遗憾的是从未见过沈从文"。这篇文章还对沈从文的性格、身世和文风做了具体的分析，由此可见，贾平凹的早期写作，甚至是后来的一些作品或多或少受到了沈从文作品的影响。由此更可见薛原先生对贾平凹作品的精准理解，以及对相关作家文风的准确把握。

在海上，薛原读房龙、读莫奈、读金庸、读《三国》、读徐城北写梅兰芳，薛原真是找到了一个绝佳的读书的场所，他说海上之行只会增加人的孤独，却不会增加人的智慧，我看他的种种感悟即是智慧的潜生。1993年1月10日，他记录下一段心情："读一些关于犯罪的纪实文学，原为闲开心，读后却有说不出的感觉。这是一个物欲横流的时代，失去了道德准则，仿佛对恶人有着特别的佑护，弱肉强食，丛林法则，我们正处于艰难地建立人群自身尊严、财富、社会准则的混乱期，不知道这个时期要持续多久……"我想薛原先生是一位极富有理想主义的文人。

"生命之舟虽然已驶进了宁静的港湾，但这港湾与外面的海洋又怎能隔绝呢。"薛原从海上的回归，使他更深层次地感悟到了平时难以企及的精神世界，应该说这是一次美妙的历险和感悟之旅。掩卷沉思，在飞驰的高铁上我一直在想，我们每个人，不过就是汪洋大海里的一滴水，大海的清澈与否，我们都无法独善其身，而我们虽然彼此相接，却又注定是孤独的。安武林兄说这本书是"科学与文学的混血儿"，真是太对了。

回到自家书房，我还在思索着薛原在书房里提到的另一个问题。薛原的书都是新书，即一手书，我却喜欢购买二手书，也可能是三手四手的。薛原直言不讳，说不卫生。于是每当我看到书房里的旧书时就想到薛原先生的话。不过我的旧书在入室前，都统统做了酒精处理。只是我心里还是蛮赞成薛原的话。我甚至在考虑，要不要对二手书"收手"？

北京：周有光、龙朱、虎雏

北京朝阳门外后拐棒胡同里有一处简陋的小区楼房，那里有周有光老先生的居所和书房。小小的书房，不过几平方米的地方，却是常常"客满"的状态。东邻语文出版社，北近人民文学出版社，应该说周老的书房环境不缺的就是书香意蕴。但无论是现实中，还是在周老的自述文章，他的书房都是简朴的、促狭的。

我在85岁那年，离开办公室，回到家中一间小书室，看报、看书，写杂文。

小书室只有9平方米，放了一顶上接天花板的大书架，一张小书桌，两把椅子和一个茶几，所余空间就很少了。

两椅一几，我同老伴每天并坐，红茶咖啡，举杯齐眉，如此度过了我们的恬静晚年。小辈戏说我们是两老无猜。老伴去世后，两椅一几换成一个沙发，我每晚在沙发上曲腿过夜，不再回到卧室去睡觉。

人家都说我的书室太小。我说，够了，心宽室自大，室小心乃宽。

有人要我写"我的书斋"。我有书而无斋，我写了一篇《有书无斋记》(《窗外的大树风光》)。

我曾多次前去拜访周老先生，进门左拐面北的一小间就是先生的书房，几乎就是一长条空间。靠墙放着书架，不高，也不大，一张书桌几乎是六七十年代乡村中学用的寻常课桌，一张沙发也很老式的，坐上去并不算舒服。但是老先生却是怡然自得，把书房当成会客厅，热情接待着八方来客。也很难想象，周老就是在这样狭小的空间里完成了一本又一本锐思之作。

粗略浏览下，周老先生书架上更多的是工具书，如中国大百科全书、字典、辞典、英文辞典、语言文字学等等，还有一些经济学类书籍，要知道那是周老的老本行。周老先生曾经说过，一个人的精力是有限的，做了这个，便不能再做那个，因此他总是一心一意做一样事情，因此他的成就总是比寻常人要大得多。

书架上除了周老自己的藏书外，还有一些小摆件，如他与夫人张允和的小塑像，那是根据一张照片所塑。耄耋之年，花丛伴读，一如红楼宝黛组合的温馨和浪漫。

在书房里，我发现周老一个读书的小动作，即无论是读稿还是读书,他都会先拿一支笔在手,随时勾画出重点的部分,既是做记号,也是对自己的记忆一种巩固和提醒,真是个好习惯。

在周老去世后,他的孙女和庆女士将祖父的大部分藏书都捐赠给了家乡常州,常州市政府将在周老的青果巷故居建造周有光图书馆。

在北京,我还去过沈虎雏、沈龙朱的书房。虎雏先生的家,进门处就是一堵厚厚的高大书橱,可见住房不宽裕,空间都被藏书"挤占"了。《沈从文全集》封面上的肖像画赫然在目,那是沈红的作品,现在就在虎雏的书橱上贴着。这么多年,虎雏先生苦心整理沈从文的作品出版,使得我们能够看到全集、别集,可谓用心之至,使人钦敬。最近他又把沈从文的文具和用品捐赠给了湖南吉首大学,其中就有沈从文用过的书柜。

龙朱的房子也不大,但书很多,因此除了书房里满是书外,连客厅也被挤占了。书房里有不少是沈从文的著作,旧版的,新出的,有的新出的还没来得及拆封。龙朱先生说,这些年婉拒了一些出版意向,即尽量减少重复出版。但还是阻挡不住各家出版社的全新策划,如

作者与陈逸飞在陈逸飞画室合影。

小开本、插图本等等。龙朱先生指着那些书对我说，你看看，喜欢的拿走好了，我这里太多了。

沈从文的书我当然都很喜欢，但我最高兴的是获得了龙朱先生的画作（其实龙朱先生也曾有合著的著作出版，1980年8月中国建筑工业出版社出版的《月季花》，2011年北京大学出版社出版的《中老胡同三十二号》）。沈家人好像都会画画，但却没有专业从事于此的。龙朱先生的人物肖像是一绝，他为一起运动的好友们都画了像，和蔼亲切，惟妙惟肖。我拿到了他为沈从文、巴金、张充和画的一组肖像，真是如同见到了真人一样亲切，

2017年,翻译家、作家杨苡在个人书房。

尽管我一位真人都没有见到过,但是龙朱先生却是以画笔抓住了其人神态和性格。后来我还意外地收到了龙朱先生为我画的一幅肖像,连我小时候就暴露出来的重鬓角的细节都勾画出来了,应该说是把我美化了,但我是真心喜欢呢。

在龙朱的书房里放着一幅书法,张充和的《题凤凰沈从文墓》,那是1993年10月,张充和与丈夫傅汉思双双结伴游览凤凰古城时的作品,词字俱佳。到凤凰去据说是他们多年的愿望,但是直到沈从文去世多年才得以了愿。张充和为沈从文写的诔文曾经感动过很多读者。

作家叶弥在个人书房。

而这些凤凰词,她也是写得用情动情。照录两阕:

> 凤凰好,山水乐无涯。文藻风流足千古,苗家人是一枝花。此处最宜家。
>
> 凤凰好,渡口暮归鸦。忽听爷爷呼翠翠,一时诗画幻奇霞。何处笔生花。

除了上述提到的一些私家书房外,我还去过叶弥老师的书房。在太湖边一个叫临湖的小镇上,书柜大敞开着,一如叶弥老师的性格。历史的、艺术的、文学的等

沈从文长子沈龙朱为作者画像。

等,很多,书房不算整齐,看得出来叶弥看书时的率性,我怀疑她是有书快读、有书随时读的节奏。我看她家电视机前摆着几摞书,我怀疑她会边看电视边看书(我也喜欢这么干)。印象较深的是,叶弥的书柜上常常被几只猫占领着,那应该都是她收养的流浪猫,百合、皮蛋、毛毛、土根等等,这都是它们的名字,叶弥老师随便让它们撒野,我猜她看书的时候,这些猫都是伴读者,真是温馨、动人。

我还去过翻译名家杨苡女士的书房。走过小院进门就是一处狭长的书房,书房内有杨宪益、戴乃迭和友人的一些照片,还有沈从文的一个小专柜,在西南联大时,杨苡与沈从文就很熟悉了。房内有很多的布娃娃,各式各样的，可见老人的童心可爱。印象最深的是杨苡女士书房里的那张中学时期的照片，青春之时，芳华之美，年逾九旬而不减风采、性格，才是读书人的大方、大度。

我还去过南京出版名家、文史作家张昌华先生的书房，我怀疑他把书都放在了隐居的乡下农家小院了，那地方叫八卦洲，出产芦蒿，可惜我还没有去过。张昌华的书房不大，书也不多，但是有很多名人手札和名人书信，那些真迹看着真是令人艳羡，我们期待着张昌华早些整理出版，让我们一睹为快。

对于书房，每个人会有不同的理解，有人说那是一块私人领地，不轻易对外开放，似乎很是神秘。也有人认为，书房就像是会客厅，没有什么不能看，当然也要看是否同道中人。仁者见仁，智者见智。我个人认为，只要是书友，都可以进入我的小小书房做客。

当然，将来我还期待着拜访一些朋友的书房，目前预定的有以下目标：韦力、陈子善、李辉、严晓星、肖伊绯、黄恽、安武林、秦千里、杨早、绿茶、孙小宁、朱晓剑等等。在此先行预约下，当然，如果把书房当闺房的，我就不敢擅闯"禁区"了。

旧书房，慢书房

曾经参观过不少博物馆的书房陈设，应该说书房的主角并不是书。这是对的。书房不是书库，书放多了就把空间挤占了，人的灵感的发挥也会受到影响。书房就像是中国画，要讲究留白。

读过文震亨的《长物志》和高濂的《遵生八笺》即可知古代书房的摆设之物和原则。桌、椅、几、榻、香炉、瓶花、笔筒、砚台、镇纸、水盂、古琴、悬画等等，还有茶具、博古架。

书房里的主角不是书，是人。

由此想到苏州古城里最富有意蕴的一间书房，即姑

苏州状元博物馆内的潘家故居书房。

苏"贵潘"潘世恩府上的书房。

现在这处宅院已经被改造为苏州状元博物馆。潘世恩三代进士,两代状元,可谓名副其实。这处大宅院尽管突出的是科举制度的程序以及状元的风光无限,要说明的还是读书人家的追求,说到底是书香的传承,书香的意蕴。因此宅院里的书房是必不可少的,游人往来参观,无不为书房的雅致布置而着迷。

这间书房算不上大,三四十平方米的样子,坐北朝南,原来南向是有正门的,现已封闭,开设的却是一扇侧门,正门要从北部的庭院进入。正对着北门的是书斋摆设，桌案、座椅、书架、博古架、青花瓷摆件等。书斋前有雕花隔扇，上方悬有四个烫金大字的匾额"麟阁芸香"，金字周围有金色盘龙环绕，正是旧式大家书房的主题。书斋内有红底楹联："富在知足贵在不辱；勤能补拙俭能养廉"。端端正正，温温和和，正是主人潘世恩的手笔。

书房从北部进入前可以看到有精美花罩，上雕刻松鼠葡萄花纹，寓意多子多福。花罩上首内侧悬有金字大木匾"一联独秀"，那是一块御匾，匾中记录着潘世恩为今科状元的辉煌历史。室内两侧置有壁橱，上刻折枝梅花，使得室内空间感更为轻盈。相对于那副对联"八坐起文昌，一经传旧德"，我则更喜欢这副"画桥碧阴绿野琴，晴雪满竹杉比邻"。

潘家的辉煌当然与科举和从政有关，因此这个原名为"思补斋"的书房后来被定名为"纱帽厅"。而它的最大特点也在于其整个厅面形如一顶"乌纱帽"。在厅的梁架上各有四对椁木，形如古代官帽上的翼翅，更是把纱帽厅演绎到了极致。尽管室内布置有潘家的种种辉煌史，而我更关注的还是书房的布置。室内玻璃拉上帏帘，不影响阳光透进来，同时也有一定的私密性。花窗上有梅

苏州状元博物馆内潘家故居的书房。

花冰裂纹,既是装饰,也可以透视院中小景。

厅前有小庭院,黄石假山拙朴有致,几株梅花疏疏落落。园中铺底典雅,院东与备弄间隔墙上还有一排直线花格图案漏窗,厅东侧木山墙上缀有雕花博风板,雕刻有精美如意祥云纹。整座建筑清雅得当,精致玲珑,是江南书房建筑的杰出作品。即使是在今天这样的时代,设若每月有三两日坐拥如此书斋,当是最好的时光。据说太平天国的破江南的主将英王陈玉成曾入住这里,可

苏州慢书房的鹿茸和羊毛在忙着慢书房五周年庆典活动。

惜佳日不长。

这间书房曾是苏州一个听书的地方,评弹声声,想必音响效果会很好。从私人书房走向公共娱乐,这是苏州不少古建筑的趋势。但我还是希望这间书房能保住它原有的功能。

思补斋,一个令人感慨万千的书房名字。这样人生圆满的人家还需要补什么呢?真是值得深思。

说完老书房,我再说一间新的书房:慢书房。一间公共的书房。其实就是一间书店。在苏州说起慢书房,恐怕不少读者都知道。第一家店在观前街蔡汇河头。以前那里有不少大户人家的宅院,现在好像还有几户,有一位大收藏家庞莱臣就住在那附近。

前段时间慢书房举行五周年纪念活动,邀我去参加,说书店举行的第一场分享活动的作者就是我。太幸运了。

要知道慢书房是以作者分享活动而著称的,是苏州书业做得最早,也是做得最好的书店。五年下来,即使是每周一次活动,总量也是极其可观的。

600多场阅读沙龙。十几万的参与读者。多少名家作者与读者在这里面对面,度过一个个美好的夜晚。

苏州慢书房的书舍，可以居住的书店。

不收门票，没有强制消费，提供桌椅，店内的新书可以随意拆封阅读。参加的读者可以与作者互动，也可以与同道中人互相熟识而交流，从而度过一个美妙的阅读晚间。

我与慢书房的结缘是因为书。后来每有朋友新书出来，我都愿意把他们引到慢书房做活动。慢书房的掌门人鹿茸总是热情招待，远道而来的还要管吃管住管看戏，真是周到无比。印象中有杨早、绿茶、方韶毅、钟芳玲、韦力、赵珩等等。他们对于慢书房的印象就是小而温馨，阅读如家。

苏州慢书房的书舍门口。

鹿茸夫人羊毛是新疆女子，却处处透露出江南女子的细腻和温柔，还有江南女子略带淡淡忧郁的才气。我不知道她原来职业是什么，只知道鹿茸能把慢书房打理得这么好，是与羊毛的细心和用心紧密而不可分的。我不知道羊毛为了慢书房掉过多少次眼泪（也有喜悦和感动的泪），我只看到了她的笑脸，面对一切读者的笑脸。

慢书房慢慢在成长，我记得最初还有苏州大学一位罗教授的用心参与和创办。慢书房后来有了新店，在平江路，在苏州工业园区，在图书馆附近一家小巷子里，在无锡荡口古镇上……我相信未来的慢书房还会不断开出新店来，我还相信未来书店的形式也会是多种多样的。就像是新开在泗井巷尽头的书舍，一个旧时苏式的小院落，虽没有半亩方塘，却也是"一鉴开"的天光云影。前厅是书房，高低错落的书柜里满满是店主精挑细选的各类新书，可以翻阅，也可以购买。狭长的院子里布置精巧，植有桂花、凌霄花、虎耳草、瑞香等，一个老式的水缸则承载着睡莲、金鱼和一方天光，一对竹编小椅呆呆地摆在那里，就像是回到了童年的时光。越过园子就是一排带走廊的房间，"小王子"的童话浪漫、"牡丹亭"的古典雅致、"星空"的想象浩瀚、"且听风吟"的朴素自然，四个房间被布置成了不同的主题，设施更是细致到了指尖和脚尖，在这样一处枕河而居的古城旧宅里享受阅读时间，不由得想到了那句话：心安之处是故乡。

打造一处可以住下来的阅读空间，是慢书房的一个小小理想。他们以并不殷实的个人资本拿下了一处清代古建筑，点滴打磨，日积月累，终于实现了一个小小的梦想。就连房东也大为放心和支持，当地政府部门甚至上门来主动"取经"，把那里当作古宅利用的"样板间"推广。当然，这并非是慢书房的最终追求，他们要的只有一点，读者的感受。鹿茸亲自为入住读者做早点，羊

苏州状元博物馆内潘家故居的书房。

毛从老家新疆带来蜂蜜与远道而来的朋友分享。"掌柜"雨花让儿子与来宾的孩子一起阅读、看花看草。于"繁华静处遇知音",这是慢书房的一个理想,用在此时此刻,或许是再合适不过了。

说到孩子,就想到了鹿茸和羊毛的女儿,那么小,那么美,取名"未来",说她是个小精灵、小天使也不为过。我开玩笑说,你们的基因好,父母的籍贯相聚很远;其实我指的还有阅读基因。我始终认为,这对年轻父母的书香之气一定会给小未来一些潜移默化的影响。我记得羊毛是个小王子迷,为此开展过多次相关活动,说她见到翻译《小王子》的翻译家周克希像是见到了久违的偶像。

我以为,开书店的人都是具有童话气息的人:不切实际。但这世界上有很多美妙的事情都是不切实际的人干出来的,而不切实际的背后往往是不为人知的牺牲和付出。至于为什么如此执着而坚毅,一定是自有其情结深刻地存在并鼓励着他们继续前行,风雨无阻。

2018年新年时,羊毛与女儿未来有过这样的对话:

羊:"宝贝,如果我把慢书房给别人,然后重新回去上班,你觉得怎么样?"

未:"不行！妈妈，你能别说那样的话吗？我听着都要哭了。"

羊:"哦，不是不是，我说的'别人'就是你，等你长大了，我把慢书房给你，好吗？"

未:"不行！只能是你的！你这样说，我还是想哭……"

羊毛抒怀:"然后，许未来真的把脸埋在我的怀里抽泣起来。我紧紧抱着她:'妈妈逗你的，慢书房永远都是我们的。'开书店，是发自内心喜欢的事，当然从未萌生退意。本来是一句玩笑，却不曾想这个书店里生长的小孩竟这般难过，我特别感动，也更加坚定，甚至暗暗后悔，不该做这样残忍的试探，对她，也是对自己。"

我想，打动羊毛的恐怕还不止这些。多少次，不经意间一瞥慢书房的阅读瞬间；多少次，入住书舍读者的温情流动；多少次，一想起五年来的风风雨雨和书店门口的那些貌不惊人的小小植物……

很难想象，一个温情的城市里缺少了实体书店会是什么样子？就像是一个城市里没有了植物或河流。总觉得慢书房之于这座古城，有点像是"B612"星球之于小王子，至少在鹿茸和羊毛心里是这样的。

古旧书店四题

序

2014年秋，王稼句先生召集大家喝茶，说大家聚聚。大家都知道有"活"干了。什么事呢？苏州古旧书店重新装修开业，据说引进了琴棋书画、茶酒花香，要打造一个立体的古旧书店。这个成立于二十世纪中叶的老书店的一举一动，都会引起爱书人的关注。受王稼句先生的招邀，诗人朱红，书法家潘振元，书评人祝兆平，作家蒋晖、潘文龙、袁涛等均到场参加茶聚，商谈为古旧书店的新生出一本小册子。我忝列其中，草就四题，

宁波天一阁内的藏书。

并负责采访书店老朋友、画家马伯乐先生,撰写一文,唯愿古旧书店越办越好,旧书越来越多,书店越来越新。

宴

苏州人的吃,本身就具有一种仪式感。

而宴本身,更是一种极富历史感的仪式。《说文》:宴,安也。亦作讌、醼。可见其意与安定的环境,与知己之谈,与美味佳酿有关。

有人把宴字拆开解读,说是在月亮尚未升起,而太阳刚刚下山的时段,皇帝与后宫女眷相聚晚餐。此时,日月均在地平线下,决定国家命运的君主偕后宫爱人享受一天之中最休闲、最美妙的时光。夕阳无限好,只是近黄昏。谁又能说这句古诗不是劝诫人们珍惜时光,珍惜拥有呢?

古代之宴多涉及政治,从历朝历代的宴犒、宴赏,到唐代的流水席,菜皆涉水,又是一道道上的,吃一道,撤一道,如行云流水,倒有点今日西方法餐的味道。其中一道"洛阳燕菜"一直延续到了1973年的国宴。

流水席有个最鲜明的特点,即其水选用天然山泉水,食材则选用当时最新鲜上市的品种。这一点与苏州的食性颇为相符。

孔子对于吃很有原则,说"食不厌精,脍不厌细",又说"不时,不食","不得其酱,不食",甚至"割不正,不食"。

时令是苏州人烹饪的一大原则,是为"不时,不食"。春有荠菜、竹笋、马兰头;夏有莲藕、糟鹅、酸梅汤;秋有莼菜、茨菇、鸡头米;冬有鸡毛菜、雪里蕻、腌笃鲜。

单单一块肉,苏州人就四季分明:春天吃樱桃肉,夏天吃荷叶粉蒸肉,秋天吃扣肉,冬天吃酱方。恰如苏州人的日子,鲜明、澄清、坚持。

一直很喜欢那个古老的典故:秋风乍起,在京做官的张翰突然思念起了家乡的菰菜、莼羹和鲈鱼脍,坚持要千里迢迢辞官回家。有人说,你有没有想过百年之后你的名声,他坦然应答:"使我有身后名,不如即时一杯酒。"

张翰之性情,在千余年后,苏州归隐文化的高峰被推到了极致,留下了数不清的大小园林、山水古迹。

苏州的隐,可大可小,如大隐于市,如小隐于山,如中隐之于园。因此,苏州之宴,也有了无限的可能性,食在山水,食在林泉,食在最是红尘一二等繁华风流地。

如果能在一个飘散着淡淡书香氤氲的阁楼之上,三五知己,闹中取静,溯古论今,纯粹,闲适,开胃,开心,把该放下来的都放下来,进嘴、入心的只有食物——闪耀着时令之美的食物。

这便是一种家常式的仪式。

琴

一座园林若是少了一张古琴,就好像一个美人突然失了音。

苏州护龙街怡园,就曾有过一张琴,玉涧流泉,七

宁波天一阁匾额和精美的彩绘天花板。

弦溯古。其拥有者即苏东坡。顾氏望族，书香门第，收藏古琴，既藏亦抚，并建有坡仙琴馆，并有石听琴室，外置听琴石，旧联"素壁有琴藏太古，虚窗留月坐清宵"，惟妙惟肖。

关于知音，苏东坡早有诗云：若言琴上有琴声，放在匣中何不鸣？

若言声在指头上，何不于君指上听？古代乐器，妙音多多，但若无妙指，终不能发。

琴出桐种，桐生崇山峻岭，或平川大原，汲天地之醇和，吸日月之光明。最终融沧海于一身，或伏羲，或灵机，或神农，或响泉，或落霞，万变不离其宗，雅音崇古，绵延不绝。

顾氏一张琴，从过云楼创始人始，一直传到今天的第六代，雅士，仕女，姑苏，京城，族人，世交，呼应着发起近百年的怡园琴会。谁又说"古调虽自爱，今人不多弹"呢？

再也没有比古琴更富有仪式感的乐了，心情、坐姿、手势、香氛、陈设、听者等等，无一没有具象的规制，细弱发丝，细腻到骨子里。风雨雷电、市尘俗子，皆在禁忌。关乎修德，关乎洁志，关乎传承。

很是喜欢诗人王维的抚法：独坐幽篁里，弹琴复长啸。人琴合一，是为可贵。若无知音，宁可孤独，宁可失传《广陵散》，宁可断其弦碎其身。心灵之音，高山流水，至帝王将相，至隐士雅人，皆应知晓说下五千年宇宙洪荒之中还有一个"道"字。

古琴源于自然，生音广博，变化多端，形意绝美，达到极致。雄壮如《十面埋伏》《风雷引》，委婉如《梅花三弄》《忆故人》，平和如《普庵咒》《春晓吟》。或千军万马，或相思断肠，或惜别知己，或宁静禅意，或独自低吟。忘乎自己，忘乎天地，听海啸，听虫鸣，听心声。

置身书香,忘却尘嚣,窗明几净,性情朗朗,操幔之美,行云流水。恰如李白的《白鹭鸶》:"白鹭下秋水,孤飞如坠霜。心闲且未去,独立沙洲旁"。

书

购书本就是一件雅事,到苏州购书已经风雅了百余年。

上溯大唐大和年间,苏州就有刻书业,延续明清不绝,官刻、坊刻、私刻以及寺院刻经,图文并茂,字字生香。

有一次,听文学山房掌门人江澄波说苏州书事,听毕令人感慨万千:"真像是听白头宫女说天宝遗事。"

诚然,时事在变,世事在变,书业也在发生翻天覆地的变化。昔年到苏州淘新版古籍的辉煌已经不再,购书渠道覆盖线上线下。读书的方式也从纸本到了电子屏。

唯一不变的,是书香,历久弥新。

白居易曾有个雅职:芸香吏。这是一个与书有关的职业:校书郎。书源于纸,纸源于树,树源于自然。自然法则，一物降一物。书生虫，以芸香治，既能杀虫，又生书香。

古代发达之家和名门贵族，忌富豪，讳财主，更慕"书香门第"之名。府寒香第出贤士，自古读书一等人。一个文明进步的社会，理应是读书人受到普遍尊敬的社会。

古之书房，不亚祠堂胜地，家具、陈设、工具，一一就位；读书，更犹如仪式，焚香，净手，正心，或朗朗出声，或目耕默读，书读百遍，其义自现。

"书中自有黄金屋，书中自有颜如玉"。一直觉得这两句话被深深误读了，既不涉仕途，也不涉物质，更多的是精神层次的理解和领悟。此黄金屋在于精神财富，无形却永恒；此颜如玉在于精神享受，无形却深刻。

书的历史，就是人类的文明史、自然史。悲悲欢欢，思潮涌动，一种追崇自由的大流，浩浩荡荡，从书于竹帛，到近代如雪似肤的纸张，从笨拙的竹丝，幻变成后来的灵动的蝴蝶装，翻开书页，犹如蝶翼，轻盈飞舞，无意中隐喻着文化大国一路走来的历程。

把书读透的到底是古人，朱熹说："半亩方塘一鉴开，天光云影共徘徊。问渠那得清如许？为有源头活水来。"

书,已然成为自然界和生物界的精灵,无与伦比,无可替代。

历来传家传世的珍宝形形色色,但书始终是其中一种。或宋版,或明刻,或清印,传下来的除了书,还有一种风,家风,雅风,徐徐清风。从风到气,腹有诗书气自华,读书人到哪里都有一种独特的气质,不卑不亢,不紧不慢,落落大方,风度翩翩。

茶

如果说一日三餐是为强身健体的话,喝茶则就是提神醒脑。前者是实,后者是虚;一个在形,一个在意。

有人常常把酒与茶相对,说酒越喝越暖,茶越喝越寒,似乎说的是人情世故。中国人不是讲究端茶送客,人走茶凉吗?

这就牵涉一个关键词:茶道。

世界各地皆有名茶,道却不尽相同。中国人的茶道覆盖身心。从茶树种植开始,一路到赏心悦目精致无比的茶具,再到烹茶整个过程,到品茶人的浅尝细抿,润喉，洗心。看似肃穆，实则温馨，如兰幽香，心旷神怡，飘飘欲仙，欲罢不能。

水为茶之魂。井水、泉水、溪水有软硬之分，有人说最好的水是"天落水"，即雨、雪。接雨烹茶，古来有之；储雪煎茶，古来有之。陆龟蒙作《煮茶》："闲来松间坐，看煮松上雪。时于浪花里，并下蓝英末。"

苏州古旧书店出版的内刊。

文震亨作《长物志》："雪为五谷之精，取以煎茶，最为幽况。然新者有土气，稍陈仍佳。"《红楼梦》里则写妙玉用"鬼脸青的花瓮"贮雪水，"埋在地下"藏了五年，就是尚"陈雪"之举。

如此举动，可见茶道享受的不只是入口一品，更多的是在乎整个过程的体验。

茶是人与自然交流和沟通的渠道。茶多出自名山大川，圣水名湖，龙井、普洱、毛峰、瓜片、滇红、雨花、碧螺春，闻其名即知其籍贯。有一味茶可以追溯到一方水土，品一种茶可能勾起你对一方水土的怀想和追念，被人疏离了，可能只是一种孤独，被自然疏离了，才是真正的寂寞。

茶，不只是止渴生津，还有形而上的寻常哲理。意大利人利玛窦来到中国时，发现当地人采集春天的叶子，阴干，调制饮料，饭前饭时饭后皆可，尤其待客，必要献茶，先品后饮，只是味道不大好，略带苦涩。

中国人的寻常日子，讲究的是先苦后甜，在所有好的品质含义里皆有"吃苦"二字，"吃得苦中苦，方为人上人"。据说甘地主义中即有一种"吃苦隐忍"。

茶圣陆羽说："为饮，最宜精行俭德之人。"如此，饮茶已经上升到了道德的层面，所谓君子有畏，慎独、慎初、慎微。由此可证饮茶醒脑功效。

走过了沉重的历史，今天的茶道，更多的是与闲情逸致有关。美国作家亨利·杰姆士说："人生最舒畅莫如饮下午茶的时刻。"

一杯茶，一卷书，足矣。半壁山房待明月，一盏清茗酬知音。

从几张藏书票说起

杜洋是从事传统木版画创作的，藏书票按说也是本业，空时喜欢就手做几张。盘点了一下，目前制作的十几张，有涉及传统工艺的，有涉及生肖画的，有涉及作家朋友的。其中几张还曾侥幸获得国际奖项和国内外展览资格并收录出版。

有关藏书票的渊源，我不是太清楚，只晓得不少读书人都有个人的藏书票，买书时也见到扉页上缀饰藏书票，美而雅，耐人寻味。我以为，藏书票是读书文化的衍生品，也是读书人的伴读雅物。眼看着藏书票文化已经渐渐跻身读书的主流地位，为读书人感到高兴，也为

杜洋创作的藏书票《版画工具》。

参与藏书票创作的美术家鼓掌。

　　藏书票应该是舶来品，但纵观中国历来伴读的梅、兰、竹、菊，茶、石、扇、香，无不可入藏书票题材，更不要说那些精美细腻的明清插图版画或是个人喜爱的猿马龙猫等动物了。藏书票文化早已潜藏于读书人的骨子里了。

　　杜洋创作的藏书票，关于木版年画的制作工具上，很是"写实"，如印刷工具"棕擦"和"棕刷"，看似简单的日常用具，在她的刻印之下，却显出了几分拙朴之美。要知道，这些工具都是她一次次重复动作和灵巧编织的结果。杜洋的老师房志达先生曾对她说过，学艺第一件事先从磨刀和自制工具开始。也只有自己亲手做的

杜洋创作的藏书票《生肖龙》。　　杜洋创作的藏书票《生肖蛇》。

工具才会更加得心应手。人说，工具就是双手的延伸，从画面上看，这些工具似乎就有了时间的情绪，从而严格区别于工业化的机械手臂。

生肖画是杜洋每年的保留"产品"，有时还是双胞胎或多胞胎，譬如狗年是她的本命年，她就制作了三只不同品种的小狗年画，形态各异，吉祥寓意也是各有不同，送给朋友们也是各有喜爱。她做的藏书票有龙、蛇、虎、羊等。那张龙画颇为有趣，不是寻常的"双龙戏珠"，而是一大一小两条龙在与一个举球儿童嬉戏舞动，左上角有一只蝙蝠，寓意着"新年隆（龙）福"。而那条蛇则是用色淡雅，形象卡通，与传统如意协调结合，组成"四（巳）季如意"寓意。使人觉得巧妙的是，龙年藏书票还表现了"2012"字样,蛇年藏书票则表现了"2013"字样,都是当时的生肖年,可谓有心。

定制藏书票的作家中,有两位都专攻儿童文学,其中一位是安武林。安武林是儿童文学作家,也是编辑,不少儿童文学作品获奖,其中"金蜘蛛"系列颇为著名。据说曹文轩给他取号"金蜘蛛"。杜洋为他设计的藏书票是一只蜘蛛和一个大脚丫,画面卡通可爱,色调温馨,营造出一个"知足者常乐"的气氛。安武林收到后乐呵呵的,就像是个大孩子。

还有一位是王一梅,苏州走出去的儿童文学名家,她的"鼹鼠与月亮河"连大人都很喜欢看。王一梅的作品富有童趣和天真,而她本人在相处中也处处透露出江南女性的温柔和细腻,杜洋为她设计的是梅花、书册、如意、瓶(平安)等结合造型,一梅藏书,如意平安。

当合肥张家的书出版时,出版社邀请杜洋制作藏书票配合发行。张家四姐妹、六兄弟,该如何设计呢?杜洋最后选择了现成的图样,即沈从文孙女沈红小时候绘画的一张画。这张画上的建筑是张家人的居所,也是张家十姐弟共同的家,后来被拆除了。在拆除前,沈从文带着小孙女来苏州避难,无意中就留下了这张图画,沈

杜洋创作的桃花坞木刻年画《双美爱花图》。　杜洋创作的藏书票《张充和昆曲剧照》。　杜洋为童话作家王一梅创作的藏书票。

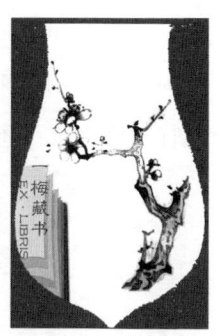

从文还专门在画下题了长跋，对沈红的画做了点评，祖孙两人都非常认真和用心。这张画无意中为张家人的旧居留下珍贵的档案。

接着是我写作的《一生充和》出版，就想着做一张藏书票作为纪念。提到张充和女士就不能不提到昆曲，她挚爱一生的古老艺术。现在很多人提到昆曲，都会提及张充和，这是一个有趣的现象。张充和对于昆曲的贡献已无须赘言。杜洋选取了张充和的一张昆曲剧照，《思凡》里的一个镜头，张充和一身尼姑装扮，手持拂尘，一瞬间的定格，却令人思绪万千。尘世的，佛家的，还是模糊不可解的？

总之，随着张充和女士的去世，似乎也就宣告了一个时代真正的结束。欣慰的是，还有这样的剧照，还有这样的藏书票，还有这样的故事流传。

读书要快

有一次浙大出版社的好友杨利军女士给我带了一本书，好像是作家王蒙的《说王道》，看书名就知道为什么买了。感谢有心。第二天我把那本书的内容说给她听，她很惊讶地说，你都读完了？我说是的。我读书一向很快。我说读书要快。但我的快也是有区别的，我的习惯是收到一批书，先从感兴趣的顺序一本本拿起来翻一遍，我看书喜欢从后面看，先看后记，再看中间的内容，再回头看开头，最后看序言和目录。尤其是通俗的、非古文的，非翻译的小说，基本上半小时看一本。

我看书快可能与写东西快有关。我曾在新闻单位待

西泠印社拍卖展出的有关书房的书法。

过,经常出差写特稿,有时一天来回跑动几十里,坐下来要发掉几千字的原创采访稿件,不快是不可能的。有一次我和同事出差采访三峡工程,那位同事在采访回来后眼睛突然失明了,她急得直哭。因为后方的报纸开了专版,不可能开天窗的,况且又采访了那么多的内容。于是我就劝她,别急,你先休息下,我先慢慢写。结果我坐下来慢慢赶竟把两人的稿子写完了,这才觉得疲累不堪,时至夜半,仍有心去和一班同行撮顿麻辣夜宵。

我写东西快,一是长期的"逼迫",我经历过几个老师指点,先是废除了我的打草稿做法,"一遍头",一气写下来,好不好再说。于是慢慢就写好了。再就是我性子急,我采访的时候,或是动笔的时候,心思总是在笔尖之先,甚至是领跑抢跑了很多,于是手里也就急速撵上去。因此我的手写日记常常是潦草的,连我妻都说看不懂(看不懂也好,至少不会泄密了)。我记得有一次回老家写作,夜半失眠,起来给爱人写信,信很长,因为乡村夜景太美了,怎么写也写不完似的,再加上感想也多,带回来时还是一封未完成的长信。妻在读时很用心(我看她认真的样子都被感动了),她花了很长时间还没有看完,说写得很好,就是看着有点费劲。她可能是怕打击了我的积极性,就补充说,这就是你的性格,蛮好的。她始终没说我的字潦草。看来知音都是经历了千锤百炼的折磨后成为习惯的关系。

说到读书快,我记得苏州昆曲名家,即过云楼后人顾笃璜先生年过八旬时仍然是"一目十行"(可能还不止),很多晚辈现场目击后为此大为惊叹,怎么做到的?其实就是长期养成的习惯。顾老看书多,脑子反应快,储存的知识广博,能够融会贯通,尤其是中国书,很多东西都是相互关联的,就像是城市立交桥。顾老自小家

宁波一家书店的内景。

学渊源,古文、书画、文学、戏剧、音乐、园林、茶食乃至近代商业他都是了解的,而且绝不止他所谦虚的"懂一点"。再加上他阅人无数,见识又多,读起书来,自然就快得多了。

我以为看书快的人,基本上都是"杂家",当然我是例外,我至多是个"杂食动物"。我什么书都喜欢看看,甚至越是和自己的爱好没有关系的越要看看;这就像是一位养生达人说的,吃饭时遇到平时难得吃到的洋葱、芥兰、鱼腥草、冰草之类的,都要尝一尝,因为平时难得吃到，或许这里面的物质正是自己身体所需要的一种。就算是不需要的，因为浅尝即止，对身体也不会有什么危害，至少感受到了味道，丰富了味觉，愉悦了心情。

当然，看书过快也可能会漏掉很好的风景。就如同逛园林一样，走马观花肯定不会细细品味。要知道，有些小景和设计是需要坐下来有所"交流"的。就如同一种物质和另一种物质起了化学反应。很多好书就是这样的繁复和美妙。但我也并不为此担心，因为我会"秋后算账"。我会等急躁的盛夏过去，在怡人的秋风里与这位"美人"静静对视，不分时间地点，不分黑白昼夜，我会用情打动她。好的书总是会令人动情，深入脊髓神经，久久不能忘却，甚至会终生镌刻于五内，使人受益一生。是的，如果说好女人是一所大学的话，我以为好的书也不亚于一所大学。因此世上关于书的故事尽管用了夸张和戏剧冲突，其情却是真实的、共通的，因此我尤其喜欢看与书有关的故事：总是富有人性，又被赋予了神性。这可能是任何电子产物所无法达到的效果。

我的看书快，可能也是因为时间。学校毕业后，恐怕就再也没有专门的"读书时间"了。时间全部被现实琐事切割，读书就成了"在狭缝中求生存"，或是顺便捎带的事，尽管很多人把看书看得很神圣，很主体，但这也是事实情况。当孩子哇哇大哭时，当家里的饭菜还没有着落时，当家人在忙着家务时，当客户招呼饭局时，当现代电子社交方式吐出诱惑时……如果你不是专业作家不是教授学者，要想在家里或者单位堂而皇之地捧读，显然是"不合时宜"的。因此才有了车上、厕上、床上的阅读。像是在打发时间，看书好像成了一种消遣。当然，看书本身就有消遣的功能。因此，每当我收到购买的书或是受赠的书，总是会第一时间打开，先把所有的内容浏览一遍，能够一口气读完的就坐下来读完，然后收入书架，对于有用的信息会贴上标签。对于专业类的，要啃骨头的，则会放在床头，每天睡前读个十几页，一边读一边划重点做记号。因此我读重要的书都会备好笔和彩色贴纸，有点像蜜蜂在花海里采蜜。

由此我记得有人回忆起国学大师王国维先生的读书法：静庵先生家最多的东西就是书，不过他的书都不是整整齐齐的，而是到处摊着，桌子上、茶几上、椅子上、床上，连地上都是的，这是因为他正在写一篇论文或是起草一篇报告，等到他完成后才会收起来，但在第二篇文章开始后又是随处摊开。对此，许姬传曾听徐森

杜洋创作的九如巷张家旧居的藏书票（原画为沈红创作）。

玉说过王国维的写书方法和读书方式，写书即"博、专、细"，说王国维在写《宋元戏曲史》时，家里到处摊的都是书，有的还是从日本收来的善本，在与人聊天时王国维所谈也都是这本书稿的内容，意在征求意见。直到这本书完成后，再去看，家里到处摊开的又是另一个系列的书了。看了王国维先生的读书法和写书之法，我深有同感，读书人所见略同，都是"入魔"人，不言此中痴。

不过，读书法并非只是一种，金克木先生曾经说过，"各有才能偏向，各有目的不同，能适合自己而有效的，我认为就是好的读书法，就可以'得其所哉'。硬套别人的方法，只怕会'麻雀跟着蝙蝠飞，熬眼带受罪'"。金先生甚至认为，"无效读书不如睡觉"。真是大实话。

再回到我的读书心得，带孩子出去散步时带一本小书（孩子骑车，我看书）；出去吃饭时带一本小书（等人时看几页）；出去郊游的时候带一本小书（坐在搭在草地上的帐篷里读书，尤其是临湖的风景看书，绝美）；在家吃饭时拿一本小书（等饭凉一些，烫食不利于肠胃）；如厕时带一本小书（有趣的鬼怪故事、逸闻类名人故事、短小精悍的经典小说或是平时不大读的学科，即使表面上有些枯燥的，此时阅读一定会有所收获，相信我）；火车上带一本大书（尤其是一个人乘坐长途的绿皮火车，带着《尤利西斯》或是《追忆似水年华》都可以啃下去，即使是啃不完，总算是把头伸进去了，至少是看到了其中的风景，而且一想起这一趟旅程，就会想到这些平时不大啃的大部头）。

最后还有一点，我在家看电影（其实我更爱看纪录片）时也会拿本书看，因为电影也是有"尿点"的，有时还不是一两处，书在手里，心就安了，即使这部电影不好看也无所谓，"手里有粮，心甲不慌"。如果想看书，你一定会找到办法的，就如同特务送情报，不用想方设法，也无需绞尽脑汁，因为这本身就是他的专业。读书的事，有点信仰的意思，自愿的东西，最是忠诚，也最是虔诚。

代后记　三言两语一水轩

当初买房子时我特地留心了楼层，要一楼，要带花园的，最好有个地下室……哇，果然有，50平方、近5米挑高的地下室，改造成两层——这可以放下多少本书呀？买了！

混凝土、钢材、木料、承重梁、柱子、楼梯、人工、施工难度等等，在几乎是丢了半条命后终于把繁复的工程撑了下来。装修后，真正的主人——"书"开始一批批进入它们的居室，九个架子之外又增加了四个小型的竹架子，再加上几只透明的箱子，终于实现了坐拥书房的梦想。坐在地板上，静静地看着侧目于外的书籍，就像是独辟了一个隐秘的世界，瞬间欣喜。

由于底楼较潮，不适合开架放书，妻是做木版画的，正好用来储存木板。再就是一些暂时被"打入冷宫"的书籍也都统一放在这一层。也就是说相对于第一层住宅，我家二层才是真正的书房。准确地说是一半在地面，一半在地下，正好窗外就是小小花园的围栏，再加上我又在临窗处围了一排圆柱装饰，看起来有点类似"轩"，于是随手取名"一水轩"。妻做木版画，水印版画，以水的浓淡调节墨色的深浅，实现浑然天成的效果。这个我不懂。但小区前不远处倒是临着一面大湖，金鸡湖，据说与一位古代公主有关，古代公主也要读书吧？由此想到了书房旧俗，说书房忌火，因此多置春宫画预防。我无此雅好，只能以眼前水命名，以保众书平安。

一水轩被一分为二，一半是妻的工作室，有艺术类、美术类书籍，还有定制的刻台、印台，样式独特，古色古香。一半是我的写作工坊，新书、旧书、古籍、抄本、画册、复印史料……我喜欢给书以洁净的环境，由此我的桌面多是清爽的。当然，我的书桌里会藏着咖啡、巧克力和酒。我不抽烟，我想会呼吸的书也不大喜欢烟味。累了，疲了，就在一方小桌上小酌小吃一时，然后继续

杜洋在书房刻板。

与书为伴，与文字结缘。说起来书真是个奇妙的载体，看似是轻薄不堪的脆纸构成，实则因为精神文字的构筑，使得它分外丰富和坚韧，书比人长寿，说的是精神与物质吗？

妻木刻、印画，我静静读写。在这一方半明半暗的幽室里，我陆续写作并出版了一些杂书和文学作品，就像是在生产车间里赶出了一批批文字产品。

有时候上幼儿园的儿子也会跑下来"巡游"一番，自顾自地从书柜里抽一本书来躺在懒人沙发上静静地读，小嘴里奶声奶气地念出那些他认识的字，人、天、大、水、苏州……我以为，在独生时代，书是最好的伙伴。有时我写作时抱着小子，他不知不觉就睡着了，书香，此时成为安眠的最佳庇护。

"书到用时方恨少"，但同时也因寻书不易而不得不淘汰书，我会定期清理一批书送到一家旧书店。每次我都会一遍遍拿起那些即将告别的书，一而再再而三地问自己，你真的确定"分手"了吗？并在搁置一段时间后完全确定我们的"缘分"尽了。但是一水轩会一直存储它们的书影，就像是那些曾经光临过书舍的朋友们，我常常会在捧读时陷入怀想。

这些年奔走于全国各地时一直有个规定项目，淘书，仅仅是在日本我就跑了五个城市去淘书。这些年略有收手，但看到好书还是会情不自禁，就像是见到了心仪的人，我以为，所谓书中黄金屋、颜如玉并非俗世所陈，而是特指书中的，唯有读书，才能谙晓。当然，我更以为，尽信书不如无书。

最后，我要感谢江澄波先生、沈黎女士给予我古文修改和文献史料方面的帮助；感谢顾笃璜先生、沈龙朱先生、郑培凯先生、王稼句先生给予我始终如一的鼓励

2015年，我抱着四岁的儿子在书房修改写稿。
荧荧灯盏，怀中稚子，妻抓拍到的画面让我联想到丰子恺先生的小画《兼母的父》（右图）。

和帮助；感谢绿茶先生、严晓星先生、杨早先生、蔡莹女士、苏眉女士、王润文女士、姚文先生、鹿茸先生、顾建新先生等好友的帮助。还有拙荆杜洋的幕后支持，小子端端使我得到再一次成长。

戊戌年春　王道 于一水轩

补记：值得说明的是，在重校此书稿时，很多人事都发生了变化，如，我已经拜访了韦力先生、方继孝、崔文川等友人的书房。一些城市书店已经不在，但同时又新开张一些书店，这些都将在未来新书中呈现。

庚子年立冬　王道